# 阪神・淡路大震災から私たちは何を学んだか

## 被災者支援の30年と未来の防災

阪本真由美

慶應義塾大学出版会

◉——カバー写真提供
神戸市、著者

# はじめに

なぜ、阪神・淡路大震災による被害はあれほどまで拡大したのか。災害対策の「失敗」はどこにあったのか。そして阪神・淡路大震災からの30年間で、日本は同じ「失敗」を繰り返さない体制になっているのか。それらを「支援する人々」の側から考えることが本書のテーマである。

阪神・淡路大震災が起きた時、私は神戸大学の学生だった。当時は中米紛争をテーマに国際政治を研究しており、大学を休学してエル・サルヴァドルの日本大使館で専門調査員として働き始めた1ヶ月後に地震は起きた。神戸で地震が起きたというニュースを聞いて、家族や友人に電話をかけたものの全くつながらなかった。大使館には電話以外にも電報や電信等の通信システムがあり、それらから次々と被害に関する情報が入ってきた。情報が入る度に被害は大きくなっていき、最初は数10人だった死者数があっという間に千人を超えた。大使館には日本人の安否確認の問い合わせが相次いだ。17日の夜にようやく神戸市須磨《すま》区の友人と電話がつながり、友人は無事で友人宅に複数の同級生が避難していること、住宅が倒壊した友人の無事を確認するために避難所を探しまわったという話を聞いた。私自身、まさか神戸で地震が起こるとは思っていなかったし、地震が起きた後にどこに避難して、どのように生活しなければならないのかをイメージしたこともなかった。

阪神・淡路大震災が起きた後の状況については、分からないことだらけだった。なぜ困っている人が多数いるのに、それらの人々を助けられないのかという疑問は大きかった。地震後にあちらこちらで同時に大規模な火災が起きた。自衛隊や消防が消火のために駆けつけた。けれども消火できずに被害は拡大していった。テレビのニュースでは被災地に出動した自衛隊員が、要請がないので消火できないと涙ながらに語る様子が放送された。なぜ目の前で火災が発生していて、そこに消すことができる人がいるのに消火できないのか。

地震で住まいを失った人のために学校等が避難所になった。避難所はどこも人であふれて劣悪な環境だった。すぐ隣の大阪では人々は普通の暮らしをしているのに、なぜ、被災地の生活環境は改善されないのか。その後、仮設住宅の建設が始まった。仮設住宅に応募したものの、なかなか抽選に当たらず、住まいが決まらない先行きの見えない人もたくさんいた。

突然の震災により日常が奪われ、これから先の生活がどうなっていくのか全く見えない状況で、私たちは大学卒業後の進路を考えなければならなかった。被災した神戸にこれ以上住みたくないと神戸を離れた友人もいれば、被災した神戸のためにと神戸市に就職した友人もいた。私はというと、一旦は国際協力機構（ＪＩＣＡ）に就職して神戸を離れたが、その後再び神戸に戻り、防災研究者になる道を選んだ。それ以来、当時は分からずにいた阪神・淡路大震災の災害対策を振り返り、どうすれば同じ失敗を繰り返さない、災害に強い社会をつくれるのかを考え続けている。
本書は、災害対策の失敗がどこにあり、そしてそれが30年の間でどのように解決され、あるいは解決されていないのかを、日本だけでなく、大地震を経験した他国とも比較分析して明らかにする。そのうえで、今後どのように想定外の災害に備えるのかを提案する。本書の構成は以下のとおりである。

第1章では、阪神・淡路大震災における災害対策の失敗がどこにあったのかを、支援の最前線に立った人たちの資料や証言をもとに、当時の災害対応を振り返り明らかにする。阪神・淡路大震災の災害対策の失敗の要因は、大地震が起こることを想定していなかった点にある。日本の災害対策システムは、国に防災を統括する独立した省庁はなく、地方自治体の役割と権限が大きい「地方分権型」の仕組みである。なかでも市町村には、被災者を支援するという大きな役割が課されている。だが、大地震では市町村もまた機能不全な状態におかれる。被災した市町村が、膨大な数の被災者を支援することは難しく、救助も支援も十全に機能せず、その結果、阪神・淡路大震災では被害が拡大した。想定外の災害に対応するには、自衛隊、消防、警察、医療等の人命救助を専門とするチームや、全国の自治体職員の応援や物資提供、非営利組織（NPO）、非政府組織（NGO）、ボランティア、企業等の支援との連携が不可欠である。つまり、地方分権型で災害対応を行う日本では、支援は災害対応に欠かせない。それにもかかわらず、阪神・淡路大震災までは、支援を活用した組織マネジメントが全く検討されていなかったのである。そのことが災害対応を難しくした。

第2章では、災害対策においては、どのような組織マネジメントが求められるのか、国が被災者支援においてどのような役割を担うのかを他国の事例との比較から検討する。地方分権により災害対応を行う日本とは対照的な国がトルコ共和国（以下、トルコ）である。トルコは、1999年のマルマラ地震までは、日本と同様に地方分権型の災害対応体制をとっていた。マルマラ地震では地方自治体も大きな被害を受けたものの、国との連携体制が確立されておらず、その結果、自国の資源だけでは被災者を支援できずに、国外からの支援が必要となった。その経験に基づき、国の災害対応体制を大きく変革させ、それまで各省庁に分散していた災害対応機能を統合し2009年に「首相府災害緊急事態管理庁」が設置された。この体制は、2023年のカフラマンマラシュ地震のような複数の自治体が被害を受ける大規模広域災害においても、自治体間で格差のない支援を行き届かせるという点では有効であった。この点は、阪神・淡路大震災後に支援と連携するための体制が整備された一方、国の体制強化には至らず、震災から30年が経過して、ようやく「防災省」の設置が検討されるようになった日本にとっては示唆に富むケースである。

第3章では、地震・津波対策の難しさを、2004年のインド洋津波から検討する。2004年12月26日のインドネシア共和国（以下、インドネシア）のスマトラ島北西沖を震源とする地震による大津波は、インド洋沿岸のインドネシア、タイ、スリランカ、モルディブ等の国々を襲い、死者約24万人という今世紀最悪の被害をもたらした。被害を受けた国の多くは経済・社会・政治情勢が脆弱な開発途上国であり、大地震や大津波を想定した備えは行われておらず、そのことが災害対応や復興を難しくした。なかでも最大の被害を受けたインドネシアのナングロ・アチェ・ダルサラム州（アチェ）は、被災前は国と内戦中であり、地域の行政が甚大な被害を受けた状況で世界から支援が集中し状況は混乱した。災害をきっかけに和平合意が政府との間で締結された。この失敗から、インドネシア政府は災害対策を大きく見直し、地方分権型の災害対応体制だったのを変革し、2007年には災害対応や復興を統括する常設機関として「国家防災庁」を設置し、国レベルから被災県レベルまで国が主体的に対応する中央集権型の体制となっている。また、支援する側も国連を中心に体制の見直しが行われ、支援調整の仕組みとしてクラスター制度が導入された。

第4章では、阪神・淡路大震災から20年、防災対策を強化してきたにもかかわらず被害を防げなかった2011年の東日本大震災を考える。太平洋東北沖で発生した地震による津波は、関東以北の太平洋沿岸の広範な地域に甚大な被害をもたらし、死者約2万人という阪神・淡路大震災を大きく上回る被害をもたらした。被害が大きかった地域では、インド洋津波災害の被災地とは異なり、事前にさまざまな防災対策がとられていた。また、阪神・淡路大震災の失敗を踏まえて、災害時に迅速に被災地を支援するための、人命救助の専門チームが組織化されていた。これらの専門チームは災害発生直後から支援を行い、それにより2万4千人の命が救われた。とはいえ、過去100年、国内で最大規模の被害を生んでしまったことは、どれだけ支援の仕組みを整備し、人材を育成しても被害を回避することはできないことが浮き彫りになった。それではどうすればよいのか。避難のあり方や組織の連携に焦点を当て考察する。

第5章では、2024年能登半島地震の支援の現場から災害対策の課題を精査し、未来の防災につなげたい。能登半島地震においても、地震発生直後は被災自治体に膨大な業務が集中し、地方分権型の日本の災害対策システムの限界が示された。捜索救助や医療保健福祉支援等の専門チームについては迅速な支援が行われた一方、避難所運営や被災者支援等の自治体間支援を必要とする業務については、職員派遣に時間を要したうえに、応援職員の専門性は十分ではなかった。また、民間セクターと行政との連携も十分に機能しておらず、支援を生かす体制が整備されていないという問題がみえてきた。同様の失敗は、阪神・淡路大震災、東日本大震災と繰り返されており、能登半島地震においても解決には至っていない。このままでは、将来、南海トラフ地震や首都直下地震が起きたときに同じような失敗が繰り返され、人的被害が爆発的に大きくなる危険がある。以上の議論を踏まえて、地方自治体偏重の体制から脱却し、国の災害対応体制を強化し、国民の防災意識を変えるための取り組みを提言したい。

このように本書は人々の命や生活を守る「支援」や「支援者」に焦点を当てる。災害時に他者を支える人々の営みから30年の歩みを振り返る。災害対応には不可欠な支援に関心を持ってもらえると幸いである。また、私たちは、誰もが支援者になることができる。巻末には支援に携わりたい方々のためのガイドを付したのでぜひ活用してほしい。

目次

## 第4章 防災対策の限界をどう乗り越えるか――東日本大震災（2011年）が伝える津波災害と避難の課題

# 第1章　なぜ「大震災」になったのか

## ——「失敗」から振り返る阪神・淡路大震災（１９９５年）

### 1　なぜ大震災になったのか

今からちょうど30年前の１９９５年1月17日午前5時46分。兵庫県淡路島北部を震源とするマグニチュード7・3の兵庫県南部地震が起きた。この地震は、兵庫県南部の淡路島から阪神地域にかけて大規模な被害をもたらした。地震による死者は６４３４人[1]にのぼり、約24万棟の住家が全壊または半壊し、瞬時に43万世帯が住まいを失った。被害の甚大さから復興には長い時間を要すると判断した政府は、2月14日に閣議決定によりこの災害の呼称を「阪神・淡路大震災」と定めた。それまで「大震災」と呼ばれた災害は１９２３年の関東大震災だけであった。

「地震」と「震災」は異なると指摘したのは今村明恒《いまむらあきつね》（１８７０-１９４８）である。今村は、東京帝国大学地震学教室の教授であり、震災による被害を防ぐための対策（震災対策）を重視し、関東

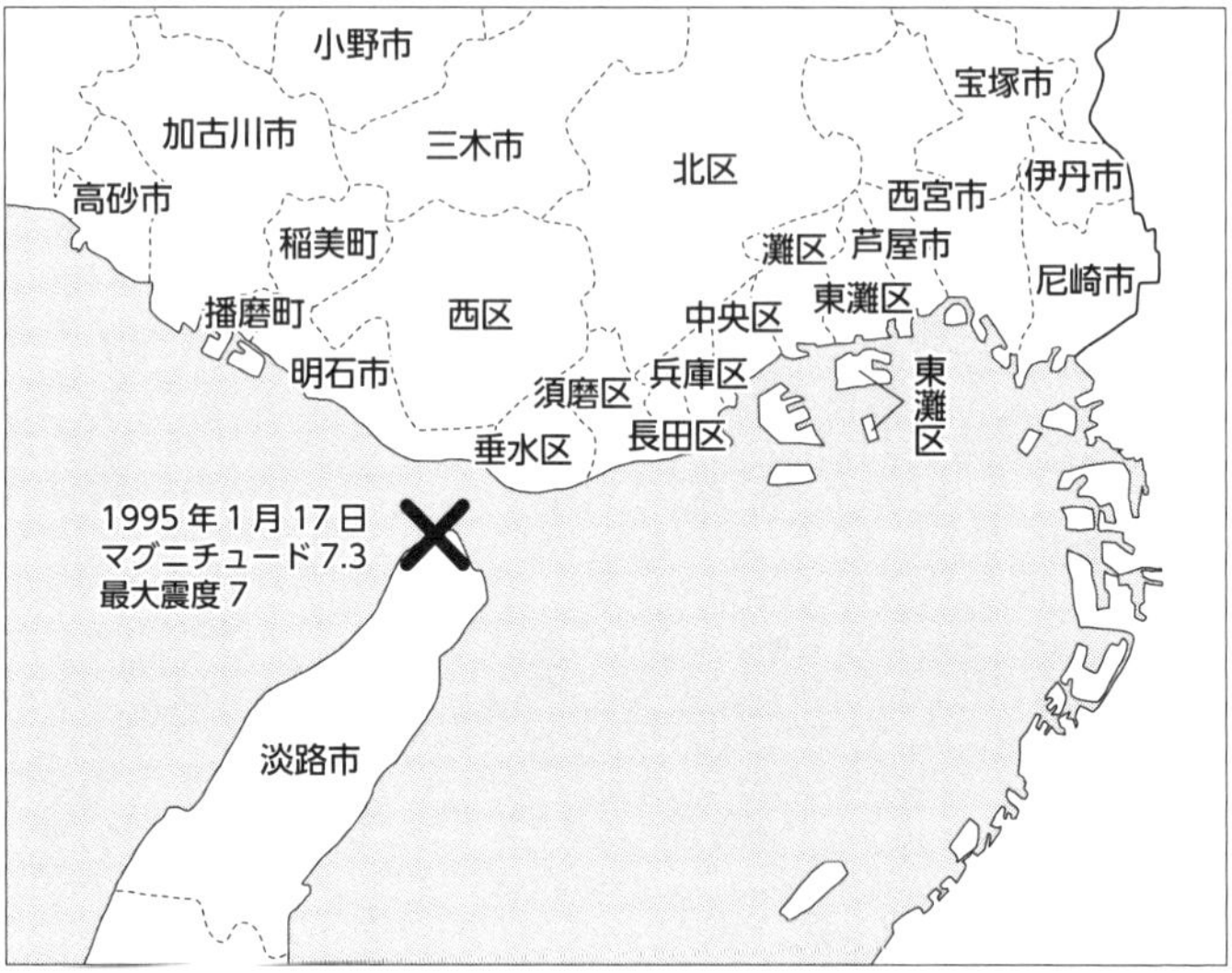


図1－1　阪神・淡路大震災で被害を受けた兵庫県南部

大震災後に勅令により設置された「震災予防評議会」（勅令第312號）の初代会長を務めた。今村によれば、「地震」は地殻の振動であり、人の力では防ぐことができない自然現象である。それに対し、「震災」は建物や造営物に対して地震がもたらす被害であり、人が設計する建築物に十分な耐震性がないことが招く災禍であることから、努力次第で減らすことができる（今村、1929）。今村のいう「震災対策」は、震災がもたらす被害を減らす「減災」を重視するものである。

「兵庫県南部地震」が、「阪神・淡路大震災」と定められたのは、地震がもたらした社会的な被害が大きかったためである。「地震」には備えていたものの、「震災」にしないための減災は十分ではなかった。そして、その失敗の根源は「大地震が起こるとは思っていなかった」という思い込みにあった。阪神・淡路大震災が起きた時に兵庫県知事だった貝原俊民《かいはらとしたみ》は、当時を振り返り「『神戸に大地震はない』という俗説に惑わされて地震に十分な備えをしていなかったことによって、初動体制が県民の期待を裏切るものであったことを深く反省している」と述べている。[2]

私は当時神戸大学の学生だったが、同様に阪神・淡路大震災が起きるまで、あれほどの大地震が起こるとは考えていなかった。前年の1994年に阪神間では小さな地震が繰り返し起きていた。これは兵庫県猪名川町を震源とする地震（猪名川群発地震）であり、11月9日〜12月6日の間に100回の地震が起こっていた。地震があるたびに友人と「昨日も地震があったね」「おかしいね。近畿では地震がないのにね」と話をしていたものの、地震に備えるという発想はなかった。近畿では地震が起きないという、どこから生まれたのか分からない通説を疑いもしなかった。

このように、社会全体に「大地震は起こらない」という思い込みがあった。もちろん、国や地方自治体は地震対策を行なっていた。けれども、それは大地震を想定したものではなかった。

地震と大地震とでは、被害は大きく異なる。第一に、大地震では人的被害が圧倒的に大きい。図1−2に第二次世界体制以降に発生した自然災害による死者数を示す。1959年の伊勢湾台風までは地震や風水害による死者数が多いものの、それ以降は阪神・淡路大震災までは大規模な人的被害をもたらす災害は起きていない。1995年の阪神・淡路大震災や2011年の東日本大震災のように「震度7」クラスの大地震が起きると、通常の災害に比べて被害は桁違いに大きくなる。

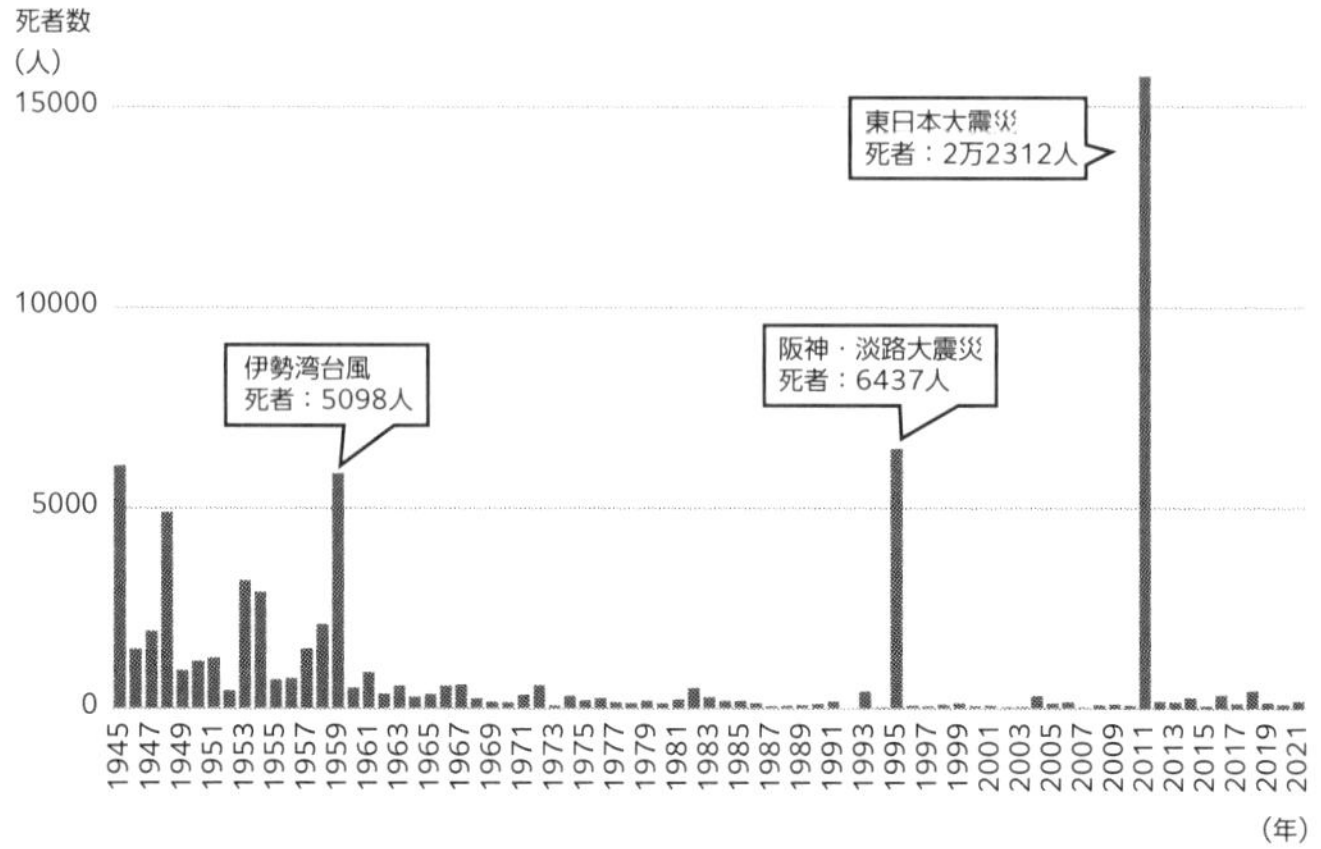


図１－２　自然災害による死者・行方不明者数の推移
（出典：内閣府（2022）附属資料７より作成）

第二に、私たちの平常時の暮らしを支える住まいや、電気・水道・ガス、通信ネットワーク等のライフライン、交通網等が同時に大規模に破壊され、それにより被災した人からの「支援ニーズ」が爆発的に増える。国連防災機関が災害を「ハザードとなる出来事により社会やコミュニティの機能が大規模に破壊されること」と定義しているように、社会全体が機能不全となり混乱する（UNISDR, 2009）。特に、都市部は人口が多く、狭い空間に人口が密集しているため機能不全は深刻である。都市内部には、第２次世界大戦の空襲を逃れて残った古い住宅や、高度経済成長期に地方から人が移り住み形成された脆弱性の高い住宅密集地もあり、大地震により多数の家が倒壊し、火災が発生すると延焼して大規模火災となりやすい。また、都市の日常生活は複雑に発展したライフラインと物流に支えられており、それらが寸断されると、水・食料・物資を得ることができなくなる。

阪神・淡路大震災は大地震により機能不全に陥った社会を建て直し、再び機能させるには「支援」が不可欠であることを示した。自らの備えでは対応できない、想定外の災害が起きた時には、住民、地域コミュニティ、行政には社会ニーズに対応するだけの人・モノ・資金等の資源はなく、支援に頼らざるを得ない。支援には、コミュニティの助け合い（共助）もあれば、行政による支援（公助）、被災地外（国外を含め）からの支援（外助）もある。被災地外からの支援の担い手としては、国・地方自治体（都道府県・市町村等）の公的セクターや、企業・非政府組織（ＮＧＯ）／非営利組織（ＮＰＯ）・市民等の民間セクターがある。想定外の災害に対応するには、これら支援を組み込んだ災害対策システムを構築しておく必要がある。

本章では、阪神・淡路大震災の発生時に、なぜ災害対策が機能しなかったのか、そのとき人々が失敗を重ねながらも、災害にどのように対応したのかを振り返る。そして、この30年の間に失敗から学び、どんな災害対策システムを構築したのかを詳述しつつ、そのシステムがいまだ抱える課題と対策を提示する。

## ２　想定に基づく防災計画の落とし穴

阪神・淡路大震災での災害対策の失敗の根源は、「大地震が起こるとは思っていなかった」という思い込みにあったことはすでに触れた。ここでは、なぜそのような思い込みがあったのか、という問題を日本の災害対策システムの変遷をたどることにより考える。

日本の災害対策システムは、災害対策基本法（昭和36年法律第223号）に基づき構築されている。災害対策基本法は、都道府県や市町村等の地方自治体の責務として、地域並びに住民の生命、身体、財産を災害から保護するために、防災に関する計画を策定するとともに、法令に基づきそれを実施することを定めている（災害対策基本法第4条、第5条）。被災した住民へ避難所を提供する、食料・物資を支援する、避難に関する情報を提供するうえでは市町村の役割は大きい。市町村による被災者支援のための財源確保は都道府県が行い、それら政策実施を国が支える。このように、地方自治体の権限

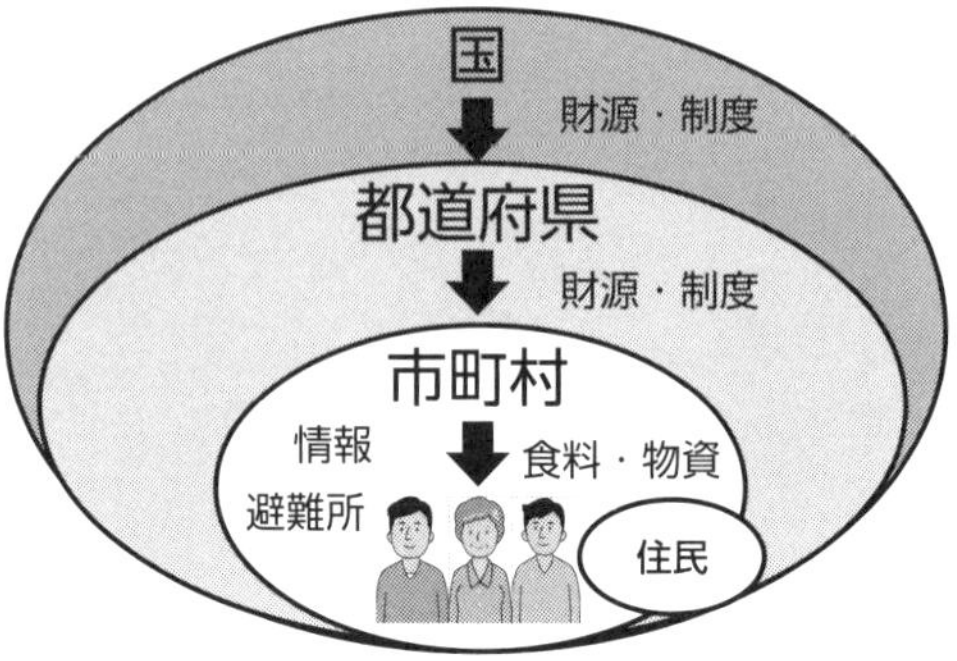

図1－3　日本の被災者支援システム

が大きい地方分権型の体制である（図1－3）。市町村という基礎自治体が被災者支援の役割を担う体制は世界でもめずらしい。他の国の災害対策システムについては、アメリカやトルコとの比較を第2章で取り上げる。

災害対策は、計画に基づいて進められる。国の「防災基本計画」には、地震対策の検討にあたっ

ては科学的知見を踏まえて、あらゆる可能性を考慮した最大クラスの地震を含め、様々な地震を想定して対策を推進することとしている。地震の想定は、古文書の分析や、地形・地質調査などの科学的知見に基づき綿密に検討される。そして、ターゲットとする地震が決まると、それによりどのような揺れがもたらされるのかが計算され、その数値に基づいて人的被害・建物被害・ライフラインの被害予測の詳細なシナリオが構築される。つまり、災害対策は起こりうる地震の「想定」がベースとなっている。この仕組みは、一見すると妥当であると思われるかもしれない。けれども、これには実際の地震が想定と異なると、すべての対応シナリオが変わる、という怖い落とし穴がある。

阪神・淡路大震災が起こる前に、神戸市の「地域防災計画」で想定されていた地震は、山崎断層を震源とする地震であった（神戸市防災会議、１９９５）。神戸市は１９７２年に研究者に委託して地震に関する調査を実施しており、神戸市周辺には活断層が複雑に広がっていることから、直下型の大地震が発生する可能性があり、その時に断層付近では断層変異により壊滅的な被害を受けるという想定はあった。けれども、兵庫県では１９８４年に山崎断層を震源とする地震が発生した後は、大規模な直下型地震は起こらなかった。そのため、過去に実際に起きた地震という歴史的エビデンスが優先された。

また、災害対策についても、想定した地震による被害を防ぐことができる程度の備えは行っていたものの、それを超える被害が発生した時の「減災」はほとんど検討されていなかった。減災は、防ぎきれない被害が発生した後にさらなる被害を「減らす」ための備えのことであり、阪神・淡路大震災以降、防災の主流な考えとなった。さらに、地震が起きた瞬間から、住まいを失った人への住まいの提供や地域の再生が求められる。「減災」と「復興」は一体的な対応が求められるにもかかわらず、復興に対する備えはほとんど行われていなかったことが課題として浮かび上がった。

## 3　災害発生直後、地方自治体はどう対応したか

このように、大地震が起こることが想定されておらず、そのための備えも十分ではなかったことから、兵庫県南部地震が発生した後の対応は非常に混乱した。当時の地方自治体の職員がどのように対応したのかを時系列で辿ってみよう。

地震が起きた瞬間に、家屋倒壊・家具転倒や火災等の地震の直接的要因により５４８３人が命を失った。全壊または半壊した数多くの家屋に閉じ込められた人たちを、一秒でも早く救出しなくてはならなかった。地震発生から1週間の間に避難所で暮らす人は約30万人に上ったが、全ての被災者に提供できる避難所・食糧・物資等はなかった。

災害対応においては、前述の通り地方自治体の役割が大きいものの、自治体の職員もそこに暮らす住民である。神戸市では、地震により市職員1万７８３６人のうち15人が死亡し、職員の42％が自宅の被害を受けた（阪神・淡路大震災神戸市災害対策本部編、１９９６）。鉄道・道路等の交通機関が寸断されたこともあり、地震当日に出勤できた職員は41％のみであった。

図1−4　地震で被害を受けた神戸市役所2号館。6階部分が柱もろとも崩れており、本館と結ぶ渡り廊下も崩れているのが分かる（神戸市提供）

地震により災害対応の拠点となる市庁舎も甚大な被害を受けた。当時の市庁舎は30階建ての1号館、8階建の2号館、9階建の3号館であり、このうち2号館（昭和32年建設）の6階部分が倒壊し、建物への立ち入りが規制された（図1−4）。倒壊した2号館の6階部分には水道局があった。市内が断水し、水道の復旧が急がれたものの庁舎への立ち入りが規制され、復旧のめどが立たなかった。

　兵庫県も厳しい状況にあった。当時災害対応にあたった齋藤《さいとう》富雄《とみお》（2015）によると地震が起きた時に、県庁には保安員が数人いたのみだった。災害対応を統括する県知事や副知事、職員も被災したために直後は登庁できなかった。当時の兵庫県の防災業務は「生活文化部消防交通安全課」が担当しており、職員28人のうち主として防災業務を担当していたのは係長と職員5人であった。その係長が自家用車で県庁に到着したのは地震から1時間後の6時45分だった。執務室のドアは壊れて開かず、壁の割れ目から室内に入った。倒れたロッカーからは書類が散乱し、机や椅子も移動しており、机の上にあったガラス板が割れ破片が散乱し、足の踏み場もない状況だった。交通安全課の職員で当日の午前中に出勤できたのは3人だけであった。

副知事は東灘区の自宅で被災し、6時50分ごろに自家用車で県庁に登庁した。庁舎は地震発生と同時に停電しており、自家発電機も機能していなかった。関係者と連絡を取ろうとしたが、全国からの電話が神戸方面に向けて集中したことから電話は輻輳してつながらず通信が困難な状態であった。災害対策本部会議室は本庁舎12階に設置される予定であったが、会議室の損傷が激しかったことから使用できず、本庁舎2号館5階の庁議室に災害対策本部を設置した。

知事は県庁から4㎞ほど離れた中央区の知事公舎で被災した。その後、副知事と電話がつながり、災害対策本部が設置され、被害状況が把握できないとの報告を受けた。職員の迎えにより県庁に向かったが、交通が渋滞しており登庁できたのは8時20分のことであった。知事の登庁を待って第一回災害対策本部会議は行われた（貝原、2015）。

災害対策本部会議は、知事、副知事をはじめとする職員21人で構成される予定であったが、第一回災害対策本部会議に出席できたのは知事・副知事を含む職員たった5人のみであった。その時点で消防・警察から届いていた情報は「相当の被害は出ているが全容不明」だけであった。地域防災計画は、すべての職員が参集できることを前提に対策が検討されており、職員が参集できない状況では計画通りに対応することは困難であった。

地震の翌18日に「災害対策総合本部」が設置され、各部局に災害対応に関する業務が割り当てられた。災害対応業務のなかにはマンパワーが求められる非専門業務と、専門性や経験を要する専門業務とがあり、専門業務については経験者が動員された（林他、2002）。

災害により住まいを失った人に対する応急仮設住宅の建設とそのための用地確保が急がれた。しかし、災害復興に取り組むための組織体制は、それまで全く検討されていなかった。そのため、「阪神・淡路大震災復興本部設置に関する条例」を新たに制定し、3月15日に「阪神・淡路大震災復興本部」が設置された。復興本部では、①復興総合計画策定・推進、②応急仮設住宅の維持管理、入居者支援、③被災者復興支援等の業務を行うために、4月1日付で職員220人が配置された。災害復興体制が構築されるには3ヶ月を要したのである。

このように、自治体職員は自らも被害を受けながらも、目の前の問題対応に追われできる限りの方策をもって対応していた。災害発生後に表面化した課題はどのようなものだったのか、またそれらにどのように対応したのかを辿ってみよう。

# 4　誰が被災者を救助したのか

## 1　消防力不足

地震発生直後に何より急がれたのが、住民の命を守ることであった。地震発生後の大規模火災の恐怖は、１９２３年の関東大震災で広く認識された。関東大震災による死者10万5千人のうち、87%は火災による死亡であった（諸井他、２００４）。阪神・淡路大震災でも、神戸市の火災による被害は大きく、地震発生とともに51件の建物火災が発生し、7時までには64件に上り、地震当日で１００件と被害は拡大していった[3]。倒壊した建物からの救出を求める人の数も膨大であった。

被害の規模に対して消防力は圧倒的に不足した。当時の神戸市の消防車両は１９８台、うちポンプ車群は72台、小型動力ポンプは72基であり、これらが11消防本部、16出張所に分散配置されていた。神戸市内で火災による被害が最も大きかった長田区では地震と同時に10ヶ所以上で出火した。消防署員は地震発生とともに人命救出や消火活動にあたったものの、消防署員24人、消防車5台、救急車2台という消防体制では活動に限界があった。

さらに、断水が消火活動を難しくした。地震により水道管が破損し、市内全域が断水したため消火栓が使用できず、プールの水、河川、防火水槽等の水を使って消火が行われた。神戸市では、被害想定が裏目にでた。なぜなら、震度5程度の地震であれば消火栓が利用できると考えられており防火水槽を十分に配備していなかったからである。これに対して西宮市では、異常渇水を想定して準備していたことから防火水槽、井戸、プール、受水槽、池の水を利用することができた。さらに、水量の少ない河川、溝水等をせきとめて取水して消火活動が行われた。

神戸市は９時50分に兵庫県知事に対し全国の消防の応援部隊の派遣を要請し、それを受けて兵庫県は10時に消防庁に応援要請を行った。その後、全国から多数の消防部隊が応援に駆けつけた。だが、同時に多数の部隊が駆けつけたために道路は渋滞し、現場活動はさらに混乱した。

応援の受け入れにあたっては、次のような課題が浮きぼりになった。

第一に、地域の消防と応援に駆けつけた部隊とが合同で活動するにあたって必要となる調整ができなかった点である。どの部隊がどこで活動するのか、その際にどのように指揮系統を構築するのかという具体的な連携方法は検討されていなかった。被災地は建物の倒壊や道路の損壊により通行可能なところは限られた。応援部隊のなかには被災地の地理に詳しくなく、現場への案内を必要とした部隊もあった。様々な情報共有が求められたものの、応援部隊が使用できる無線通信波は一系統しかなかった（本城、１９９５）。

第二に、機材の互換性が確立されていなかった点である。前述のように水道管は至るところで破損しており、消火栓はほとんど機能しなかったため、防火水槽、川や海からホースで送水する必要があった。しかし、市町村ごとに利用しているホースの口径や接続金具は異なり消火栓につなげない、という初歩的な問題が生じた。

大地震発生時の人命救助については、地域の消防力だけでは限界がある。外部からの支援は不可欠ではあるものの、支援を要請するだけでなく、支援に来た部隊とのコミュニケーションの取り方や、活動実施方法、機材の互換性等を事前に検討しておかないと効率的に活動することは難しい。

阪神・淡路大震災の経験は、大規模災害時には全国の消防が相互に連携して支援する仕組みが必須であることを示した。その後、仕組みづくりが進められ、災害時には消防庁長官の要請に応じて各市町村の消防が対応できるよう、２００３年６月に消防組織法に緊急消防援助隊に関する規定が制定され、10月に緊急消防援助隊要綱が設置され２００４年４月に緊急消防援助隊が発足した。

## ２　時間を要した自衛隊の派遣要請

被災した人々を救助するためには、自衛隊が派遣されることになっていたが、阪神・淡路大震災で派遣が遅れた点は致命的であった。兵庫県知事が自衛隊に災害派遣を要請したのは、地震から４時間後の1月17日午前10時のことであった。派遣要請をめぐる経緯については、県知事だった貝原俊民（２００９）や、後に防衛大学校長を務めた政治学者の五百旗頭《いおきべ》眞《まこと》（２０１５）が詳細に状況を整理している。彼らの報告によると、派遣要請に時間を要したのは、被害の規模が大きく状況の把握が難しかったことや、通信網が寸断され連絡調整が難しかったことが理由であった。地震発生当時、組織間でどのように連絡しあい、調整していたのかを詳細に辿ると、派遣要請をめぐる解釈の食い違いがあったことがわかる。

自衛隊については、同じ兵庫県でも市町村により担当する部隊は異なり、被災地のうち西宮市、芦屋市は中部方面総監部（伊丹）下の第3師団が、それ以外の神戸市を含む兵庫県全域は姫路の第3師団第3特科連隊が警備区域としていた。神戸市を担当区域とする姫路連隊長は、災害派遣が必要になることを想定して、各部隊に派遣のための準備を午前9時30分までに完了することを命じ、派遣要請を待っていた。

8時10分に自衛隊から兵庫県の消防交通安全課の係長宛に電話があり、被害状況を問い合わせるとともに、連絡員を県庁に派遣することが伝えられた。その時には「状況はつかめていない。いずれ自衛隊出動をお願いすることになる」と係長は伝えた。これに対し、自衛隊はこの段階では連絡を取り合う合意はしたものの、出動要請の予告は聞いていないと認識しており[4]、両者の間で食い違いが生じていた。

次に姫路連隊長に兵庫県から連絡があり、派遣要請が完了したのは10時であった。要請に時間を要したのは、派遣を要請するにあたっては、災害の状況、派遣を要請する事由、派遣を必要とする期間、希望する派遣部隊の人員・船舶・航空機の概数、移動の方法、希望する派遣区域および活動内容等の詳細を伝える必要があったからである。しかし、それらの情報を把握することは難しく、最終的に阪神高速道路が倒壊したという、出所の特定できていない情報に基づき派遣を要請した。姫路連隊副連隊長は10時5分にヘリコプターで姫路を出発し、20分に県庁屋上に到着し、その後は県庁に常駐して対応した。わずか15分で到着したというから驚きである。なお、自衛隊の派遣については、神戸市は9時50分に派遣要請を出したとしているのに対し[5]、兵庫県側ではそれを確認できていなかった（貝原、２０１５）。

この派遣要請をめぐる自衛隊と兵庫県のやりとりは、災害対応における組織間のコミュニケーションの難しさを示している。派遣を要請するにあたっては詳細な情報提供が必要だと県が捉えていた点は、貝原も強調しており「たいへんだ、すぐに来てくれ」という曖昧な要請はありえないとしている（貝原、２００９）。とはいえ、災害発生直後の通信網が寸断された状況のなかで、多岐にわたる詳細な情報を把握するには限界がある。情報把握が難しい時の連絡調整方法を検討しておく必要があった。

一方、自衛隊は災害派遣のために待機してはいたものの、兵庫県からの要請を確認できなかったために部隊を派遣できずにいた。自衛隊が自主的に災害派遣することのハードルは高く、要請による派遣が原則となっていた（越野、２０２０）。なお、現在では特に緊急を要する場合は、要請を待たずに出動できるようになっている。

このように兵庫県と自衛隊の双方が災害派遣の必要性を認識していたにもかかわらず、通信状況が悪かったことにより組織間のコミュニケーションが取れず、そのことが派遣を困難にした。災害という緊急時に求められる情報の質や、通信網が寸断された時の具体的な行動パターン等の詳細は、訓練等を通して万全の状態にしておく必要があった。しかし、前述のように大地震が発生すると想定していなかった兵庫県は、震災前に自衛隊が働きかけても共同訓練をしなかった（越野、２０２０）。

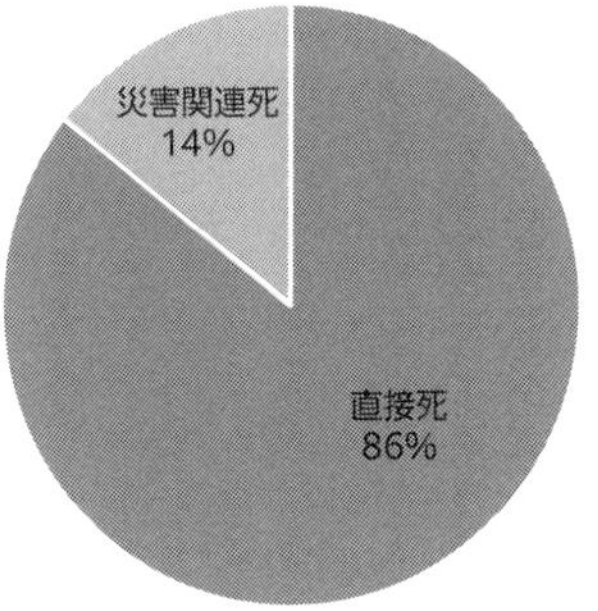


図1－5　直接死／災害関連死の割合（出典：兵庫県（2016）より作成）

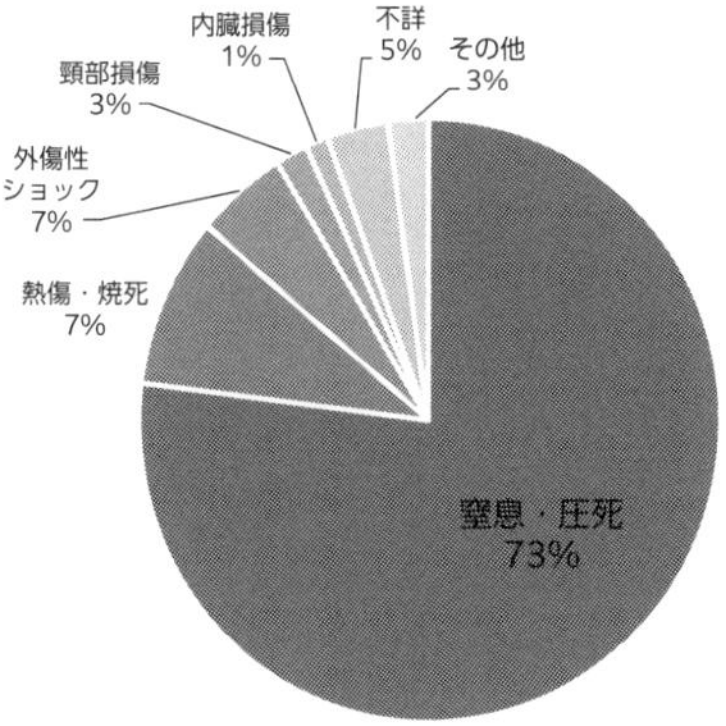


図1－6　直接死の死因
（出典：兵庫県（2016）より作成）

大地震に対する危機意識の低さがもたらした失敗であった。

## 3　なぜ犠牲になったのか
## ――命を救う地域の共助

大地震による被害を想定していなかったのは住民も同様であった。阪神・淡路大震災による兵庫県内の死者のうち５４８３人（86％）は地震による直接死であったことは既にふれたが（図１－５）、その内訳（図１－６）は、窒息・圧死が３９７９人（73％）と圧倒的多数であった。早朝に地震が起きたことから、地震発生時に自宅で就寝中だった人が多く、建物倒壊や家具転倒に巻き込まれて犠牲になった。被害の多くは、耐震性の低い古い住宅の倒壊によるものであった。

倒壊した家屋により生き埋めになったり、閉じ込められたりした人たちが、誰によって救出されたの

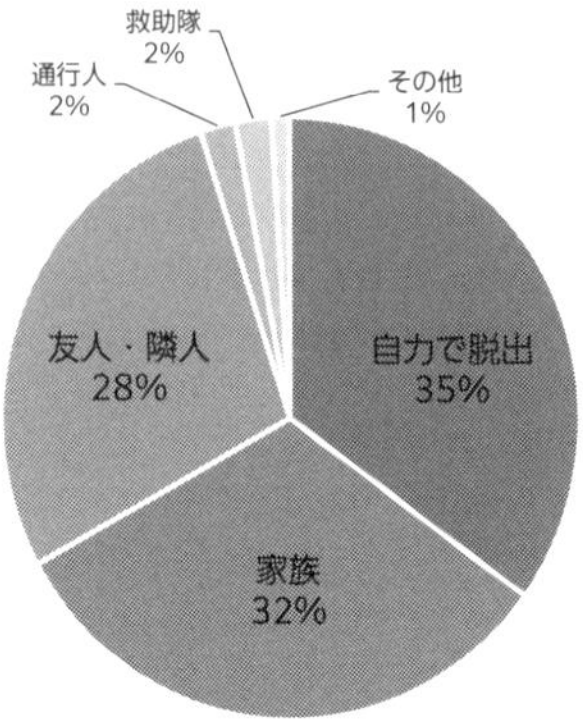


図１－７　倒壊家屋からの救助方法
（出典：日本火災学会（1996）より）

かを日本火災学会が調査したところ（図１－７）、一番多かったのは自力で脱出した人（35％）、次に家族によって救出された人（32％）であった。これに続いて多かったのは、友人・隣人による救出（28％）であった。前述のように消防や自衛隊等は被災者の救出に尽力してはいたものの、これらの専門の救助隊により救出された人はごく僅かで全体の２％に過ぎず、大多数の人々は、家族や友人・隣人により救出された点は注目に値する。

この他、倒壊した家屋に閉じ込められた人の救出に尽力したのは消防団であった。消防団とは、地域住民有志による消防組織である。消防団は自らも被災しながら救助活動を行い、地震発生当日に救出した人の数は８６２人（生存７５５人、死亡１０７人）に上った。これは消防救助隊員による救出数６０４人をうわまわった（高橋、１９９５）。

火災についても地域住民の消火活動は大きな力となった。西宮市で発生した火災41件のうち住民が消火した火災は28件と全体の80％を占めた（西宮市消防局・西宮市消防団、１９９６）。このうち４件は付近のマンションや家庭にあった消火器を持ち寄ったり、付近の河川、井戸、学校のプールからバケツリレーで水を集めたりして消火した。

また、民間企業の自衛消防隊の活躍もめざましかった。例えば、神戸市長田区にある企業「三ツ星ベルト」では、従業員が自衛消防隊を構成し、小型動力ポンプを使い近隣地域で生じた火災を消火した。[6]自衛消防隊とは元来自社の火災対応のために設置される組織だが、これは地域の消火活動に尽力した事例である。なお、三ツ星ベルトは阪神・淡路大震災をきっかけにその後も地域の人と協力した防災訓練を実施している。

これまでみてきた通り、有事の際に救助の専門チームだけでは犠牲者を減らすことは難しく、地域住民間の相互支援（共助）が最も重要な災害対応の力となったことがわかる。阪神・淡路大震災以降には、災害対応における自らの備えの「自助」、地域間の相互支援の「共助」、行政の支援の「公助」の重要性が強調されるようになったが、行政からの支援が届かない喫緊した状況では「共助」の果たす役割は非常に大きい。

## 5　避難所は誰が運営すべきか

### 1　大都市の避難所対応

地震発生直後から地域の学校や公共施設、集会所等が避難所となり、避難した人であふれた。図1－8に兵庫県内に設置された避難所数と避難者数の推移を示す。避難者数が最多だったのは地震発生から7日後の1月23日であり、1152ヶ所の避難所に31万6700人が避難していた。この

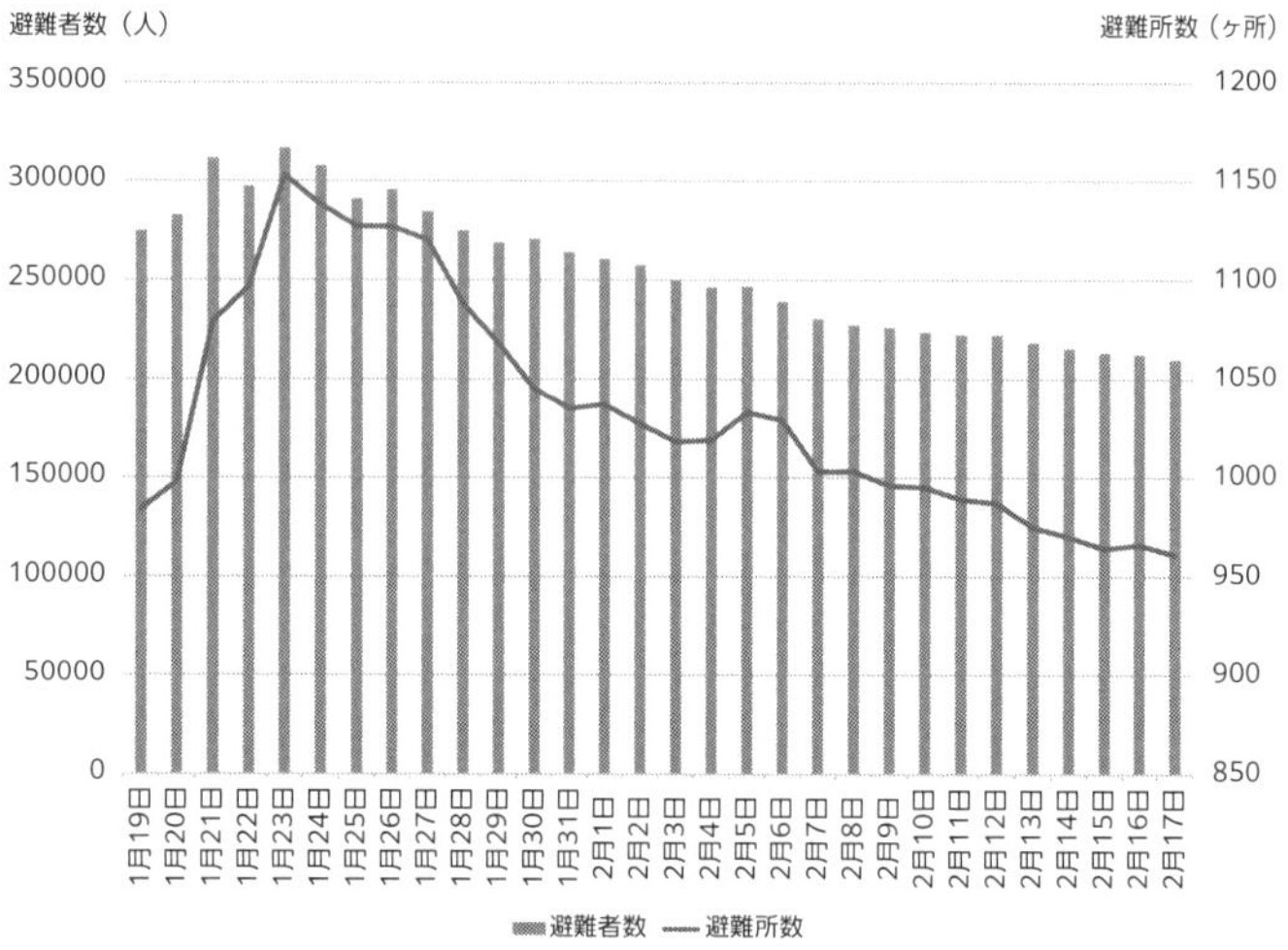


図１－８　地震から１ヶ月間の避難者数と避難所数の推移
（出典：兵庫県（1995）より作成）

数字は２０１１年３月11日に起こった東日本大震災で大きな被害を受けた岩手県・宮城県・福島県の合計の避難者数を上回るものであった。ちなみに避難所の設置期間は最も長いところで８ヶ月間に及んだ。

当時も今も学校が避難所として用いられることは多い。当時、避難所となった学校の体育館の様子を図１－９に示す。避難所の衛生環境は劣悪であった。床には敷物や布団が敷き詰められ、多数の人が避難し、身動きが取れないような状況だった。地震は早朝に起きたため、パジャマ姿のまま服も取り出すことができずに避難した人、寒さのために一日のほとんどの時間を布団の中で過ごす人もいた。また、体育館はトイレの数が少なく、断水により排泄物であふれた。急きょ仮設トイレが設置されたが、その多くは和式トイレであり、

図1－9　避難所の様子
（神戸市提供）

段差があり、足腰の弱い高齢者にとっては使いづらいものであった。トイレに行かないように水の摂取を控える人もおり、それが健康状況の悪化につながった。

避難所についても、事前の計画通りに設置、運営することは難しかった。神戸市の地域防災計画は、区長が必要な避難所を開設し、避難者の収容、保護、物資の提供を実施することを定めていた。しかし、地震発生直後は十分な人数の職員を配置することができなかった。大規模な避難所では、他部局や全国からの応援を得て少しずつ職員を配置していったものの、それができたのは地震から3ヶ月が経過した4月以降のことであった。

その間の避難所の運営は、行政ではなく地域住民組織、学校教職員、避難者、ボランティア等が自発的に行った。当時の避難所運営には大きく次の4パターンがみられた（大河原、1997）。なお、この

４パターンは避難所の運営体制を考えるうえで役立つ。第４章で東日本大震災時の避難所運営を論じる際にも参照する。

①　地域主体型……自治会・婦人会・ＰＴＡ役員等の地域住民組織が運営に従事したケース。行政と避難者間で対立する場合など、さまざまな局面で中立的な立場をとることができ、かつ避難住民からの信頼も高く、指導性がある。円滑に運営されていた。

②　学校主体型……施設管理者である学校教職員が避難所運営の主体的な役割を果たしたケース。住民の教員への敬意の念もあり、信頼性が高く運営も円滑に行われた。

③　避難者リーダー型……避難者の中からリーダーがうまれたケース。必ずしも明確なリーダーが現れるとは限らないが、すばらしいリーダーに恵まれたところも多い。

④　ボランティア型……外部から献身的なボランティアが入ってきて運営主体となったケース。当初は熱っぽい運営がなされたが、住民組織が育たない一面もあり、ボランティアの引き上げにともなって運営に支障を来すところもあった。

これらのうち、比較的スムーズに運営が行われた①地域主体型の避難所運営と、②学校主体型に着目し、運営がどのように行われていたのか詳細にみてみよう。

## ２　地域主体型の避難所運営

避難所となった公民館は、主として地域住民により運営された。神戸市灘区の公民館（徳井会館）で災害発生直後から8月12日まで運営に携わった堂内孝夫氏の記録には震災直後の状況が以下のように記されている。

家が全壊してパジャマのまま素足で逃げた人は最も気の毒でした。昨日まで何不自由なく生活していた人の衣類が無く、ふとんや毛布が無く、履物が無く、生活用品が全く無いのです。その様な人達が２００人以上もいる所へ、最初の日の夕刻に区役所から毛布が７枚配給になりました。配給の世話をしている消防団員の精神的な苦しみを察して下さい。どの様な人に配給すべきかを考えた結果、戸外で野宿している一部にしか配給できませんでした。（堂内、１９９７）

この証言から伝わるのは、深刻な物資不足である。断水が続くなかで、給水車が到着しても水を受け取るための容器がなく、なかには手で水を受け取り飲む人もいたほどであった。前述した通りトイレは排泄物があふれたため、運営者による清掃が大変であった。結局、屋外の土を掘ってトイレとした。

劣悪だった避難所の状況は、その後、地域住民の助け合いにより改善されていった。区役所から、白米・野菜等の炊き出し用の食材が届くと、被災者でもあるプロの料理人がボランティアとして炊き出しを始めた。すると、その人を中心に婦人会も炊き出しを支援するようになった。他にも、ある医師は全壊した診療所から医薬品を取り出して提供し、ボランティアは物資配布のリストをつくり各家庭に配布する等、環境改善のために様々な活動が自発的に生まれた。

地域には避難所だけでなく、公園や空き地でテント生活をしている人、自動車で寝ている人、半壊の自宅で生活している人もいた。これらの人々に公民館を拠点に支援を届けようと、消防団が拡声器を用いて登録を呼びかけたところ、地震から5日後の段階で登録者は１７００人に上った。登録者については名簿を作成し食料や物資が提供された。このように災害発生直後の行政からの支援が届かない状況において、住民間の自発的な相互支援は大きな役割を果たした。

### ３　学校主体型の避難所運営

避難所として最も多く活用された施設は学校であった。神戸市では公立の小中学校等２１８校のうち63%が避難所になった。学校教員が到着する前に住民が校舎内に避難していた学校は53校あり、うち17校については、避難住民がドアやガラス等を壊して中に入った。

神戸市立福池小学校の上田《うえだ》美佐子《みさこ》教頭は、神戸市の災害対応の記録に「震災直後の３日間」という文章を記している。[7] 教員という立場から、時系列に避難所対応が記されている。以下にその一部を抜粋して紹介する。

6時55分

学校到着、校門はすでに開けられていた。職員室は入口の冷蔵庫が倒れ、机が全て廊下側に移動していたため、乗り越えて中に入った。校長室の書棚や衝立は全てひっくり返り、足の踏み場もなかった。鍵のかかっていない本館1階の教室はすでに大勢の人が入り、机・椅子・学習道具を廊下へ出し、持ってきた布団や毛布で場所を確保していた。続々とつめかける人で一杯になり、たちまち1階から4階まで満員となる。鍵がかかっている特別教室にガラスを割って入っていた。玄関1階ロビー、廊下、踊り場も一杯になる。

敷物がない人たちに求められ、生活科で使うじゅうたんやござを探して渡し、それでも足りなくて、体育館のマットレスを男の人たちが持ち出す。

7時30分

けが人が次々に運び込まれる。しかし、保健室は薬のケースがすべて倒れ、消毒液などの瓶が割れ、水浸しで使えない状態だった。けが人の家族や避難者が一緒になって保健室を片付け、病人をベッドに寝かせたり、けがの手当てをしたりしたが、たちまちベッドは足りなくなり、床にそのまま寝かせるか、教室で待っていただくしかなかった。頭から血が吹き出していたお婆さんは、血がもりあがったままうずくまっていた。顔が切れ、膨れ上がっている女性もいた。

そのうち、**遺体**が運ばれてきた。本校の卒業生であった。理科室の机上に安置したが、次々に運ばれる**遺体**でいっぱいとなったため、生活科の教室にも安置した。

10時00分　校長が到着し、北校舎も開けるように指示する。これで全校舎・全教室が避難者で埋まる。体育倉庫・農具倉庫にも入り、運動場にはテント10張、自家用車数十台が並んだ。

避難者がさらに詰めかけ、昼までに1200人を超える人で埋まり、担ぎ込まれる負傷者も多く、学校までたどりついて亡くなる人、保健室で生き絶えた人もあり、19遺体が安置された。

12時00分　老人会の会長が近くのスーパーからパンと牛乳を貰ってくる。給食室のお椀に小分けして配ったが全員には渡らなかった。そこでパニックを避けるためパンとみかんの配布を見合わせた。保護者が手伝いに来たので、児童の消息を調べるようにお願いした。そこで、児童3人、保護者1人の死亡が確認された。老人会長が貰ってくる牛乳を小分けして配るが、全員には行き渡らなかった。

1月18日

12時00分　水が出ないため学校中のトイレが大便の山となり、子供等は泣き出した。昨夜のうちに、学校の庭や校舎の裏に沢山の大便がされていた。ここに避難している保護者が中心になって大便を袋に入れ始末することにした。協力者を募り2時間かけて取り除き、残っているプールの水をバケツで汲み出し、トイレを掃除した。

14時00分　保護者の一人が仮設トイレを作ることを申し出た。資材を大阪まで取りに行くのに丸一日かかるとのことであったが、すぐにお願いした。
16時00分　連絡がないので心配していた本校職員が死亡していたことが分かり大変な悲しみに包まれた。また、本校職員の母親も助け出せなかった。犠牲の大きさに言葉もなかった。

（阪神・淡路大震災神戸市災害対策本部編、１９９６）

本来、避難所を運営することは学校教員の役割ではない。しかし、他に役割を担う人がいなかったことから、学校施設を管理していた教員は、意図せずして被災者への対応に追われた。校舎の損傷が大きく、生徒児童や教職員の安否確認も急がれたが、それらに対応している時間はなかった。地震後は全ての学校が1週間休校となり、その間も教職員の多くは避難所の運営で多忙をきわめた。このように校長・教頭・教職員が避難所の運営リーダーとなった学校は１７８校（全学校の82％）に上った（神戸市教育委員会、１９９５）。地震から1週間後の1月23日に再開できた学校は１３４校（全学校の38・８％）であった。避難所となっていなかった学校の6割は再開したものの、避難所となった学校で再開できたところは3割にも満たなかった。最終的に全校が再開したのは地震から1ヶ月が経過した2月24日のことであった。

避難所において、どのような業務に教職員がどの程度の期間携わったのかを示すのが表１－１で

表１－１　避難所での教職員の活動期間

| 活動項目 | 平均日数 |
| --- | --- |
| 遺体の安置や搬送 | 3.55 |
| 近隣の住民の救出 | 1.17 |
| けが人などの応急措置 | 16.71 |
| 食糧の調達・搬送 | 39.05 |
| 水の調達・搬送 | 18.43 |
| 医薬品の調達・搬送 | 24.44 |
| トイレなどの清掃 | 32.59 |
| 避難所の見回り | 81.53 |
| 外部からの問い合わせの対応 | 83.21 |
| 人間関係の調整 | 91.40 |
| 苦情の対応や調整 | 90.29 |
| 自治体組織の運営や仕事の指導 | 75.40 |

（出典：神戸市教育委員会（1995）p.51より）

ある。避難所での業務は遺体の安置・搬送、食料の調達、トイレの清掃等多岐にわたった。最も長期にわたり対応が求められたのが人間関係の調整、苦情の対応や調整、外部からの問い合わせの応対等であった。大勢の人が共同生活する環境では、不満や苦情が出やすく、教職員はそれら事項への対応を強いられた。当然ながら、教職員がその対応に追われたことにより学校再開は遅れた。

　これらのケースで分かるのは、学校教員への業務負担が極端に大きいことであろう。教職員のなかには、自らも被災した人、住まいを失った人、家族を失った人もおり、ほとんどの人が被災者であった。それにもかかわらず、支援者として避難所運営業務をこなさなければならなかった。一見、スムースな運営にみえても、この②の運営体制は学校教育に影響をもたらし、子供の学力低下を招くこととなった。大きな問題があると言わざるをえない。

## 4　被災者支援の何が問題だったのか

これらの記録からは、避難所はどこも混乱したことが如実に伝わる。神戸市の地域防災計画では、災害時の避難所として364ヶ所（公立学校園271校を含む303校、国立・県立学校施設15ヶ所、私立学校等46ヶ所）が指定されており、それらを開設運営するのは区役所の役割と定められていた（神戸市防災会議、1995）。しかしながら、最大時（1月24日）には589ヶ所という想定をはるかに上回る数の避難所が開設され、そこに23万6899人が避難した。

当時の災害対応からは以下の課題が示される。

第一に、避難所対応が、実効性を欠く計画となっていた点である。地域防災計画では、災害発生時には区役所が中心となり避難所を運営することや、被災者に備蓄物資を届けることが定められていた。これは、区役所が市民に近い立ち位置にあるためである。しかし、実際には区役所は、住民の窓口として、住民の安否確認、罹災証明発行手続き、物資の提供等の様々な事業に携わらなければならなかった。現場の負担が大きい市町村主体の体制の脆弱性がここでも歴然となった。

第二に、被災者を支援するための場所・物資・食料の備えが十分ではなかった。被害が大きかった神戸市長田区の場合、地震前に指定されていた避難所は29ヶ所だったものの、地震の翌日には79ヶ所の避難所が開設された（藤井、1997）。避難所支援のための物資としては地域防災計画によると、毛布1810枚、ローソク173本、ゴザ52枚が9区役所に備蓄されていた。また、それらに加えて業者を通して即時調達される物資として、布団1000組、外衣1000組等が準備されるはずであったが、全ての避難者のニーズに応えられるような量ではなかった。備蓄で対応できないものについては、即時調達物資として業者から調達することは検討されていたが、業者には連絡がつながらなかった。物資を要請するにあたっては、区役所から市の民生部に被災家屋数・被災者数を把握して伝えなければならなかった。とはいえ、住民の被害状況やどの程度の食料や物資を必要とするのかを把握することも困難だった。

第三に、全国からの支援物資の受け入れが困難だった点である。区役所には全国からの支援物資が届いたが、どこからどのような物資が届いているのかという実態は把握できなかった。この情報は誰に何を届けるかを決めるのに必須である。物資は届くものの、それらの物資を避難所に配送するための業者も定められておらず、やむをえず物資を配送してきた業者に依頼したり、土木・造園・建築協力会等の協力を得たりして避難所に配送していた。

このように計画に定められていた、区役所を中心に避難所運営や支援を行う体制は機能しなかった。各避難所の運営体制も具体的に検討されていなかったため、住民や教職員に多大な負担が集中した。災害対応過程においては、さまざまな人々が自発的にボランティアのような形で避難所運営に携わっていった。このような状況を考えると、行政を中心に避難所対応を行うことを想定するだけでは不十分であり、地域住民やボランティア等の民間組織とともに運営に協力する仕組みを構築していく必要がある。それにもかかわらず、避難所運営をめぐる課題は依然として深刻であり、2011年東日本大震災、2024年能登半島地震でも問題がみられた。なぜ状況が改善されないのかについては、第4章・第5章において詳細に検討する。

## 6　助かった命を守り生活を再建する

### 1　助かった命を守る――災害関連死を防ぐ

阪神・淡路大震災では、避難所の生活環境が過酷であるため、命が奪われるケースもみられた。これは「災害関連死」という重大な問題である。図1－5の阪神・淡路大震災による死者数の割合をよくみてほしい。5483人（86％）は地震による直接死であった。けれども、14％は地震の揺れからは助かったにもかかわらず、その後の避難生活で、災害を起因とする怪我や病気が悪化したことによって死に至った「災害関連死」である。

災害関連死は、直接死と同様に自然災害による死として位置付けられている。日本では、自然災害により死亡した人の遺族に対しては法律に基づき災害弔《ちょう》慰《い》金《きん》が支払われる（「災害弔慰金の支給等に関する法律」昭和48年法律第82号）。災害弔慰金は、世帯主が死亡した場合は500万円が、その他の人が死亡した場合は250万円が支給される。災害関連死として認定された場合は、直接死同様に災害弔慰金の支給対象となる。神戸市は、地震から1年後の1996年1月までに615人を災害関連死として認定した（上田、1996）。認定された人のうち89・6％は60歳以上と高齢者が多かった。ここでは、実例にもとづいて被災者の生活再建と災害関連死という問題を考えてみたい。

表１－２　避難所生活者の心身機能評価結果

| 要因＼地域 | 神戸市 | 西宮市 | 宝塚市 | 芦屋市 | 伊丹市 | 合計（人） |
|---|---|---|---|---|---|---|
| 被災前から何らかの障害を有するか、リハ医療を受けるかしており、現在もリハ治療が必要な人 | 316 | 145 | 122 | 70 | 3 | 656 |
| 被災前は健康であったが、今回傷害を受けたことによりリハ医療が必要となった人 | 56 | 40 | 32 | 18 | 0 | 146 |
| 被災前は健康であり、今回も傷害を受けていないものの、災害に起因する心理的要因または内科的要因（感冒等）によりリハ医療が必要になった人 | 93 | 34 | 53 | 18 | 3 | 201 |
| 対象人数 | 465 | 219 | 207 | 106 | 6 | 1003 |

（出典：阪神・淡路大震災巡回リハビリテーションチーム（1995）より作成）

## ２　避難所では身体機能が低下する

阪神・淡路大震災後に自主的に避難所を巡回し支援した、医師・看護師・理学療法士・作業療法士によるリハビリテーション・チームは、避難所での生活がそこで暮らす人々の健康を悪化させることを指摘している（阪神・淡路大震災巡回リハビリテーションチーム、１９９５／兵庫医科大学リハビリテーション部、１９９５）。支援対象となった人々の心身機能評価の状況を表１－２に示す。驚くべきことに被災前は健康であり、地震により負傷していなかったにもかかわらず、被災に起因する心理的要因または内科的要因によりリハビリテーション医療が必要になった人は２０１人、実に機能評価した人の20％にも上った。

神戸市内の避難所でリハビリテーション支援

の対象となった４６５人のうち、継続的なリハビリテーションが必要とされたのは２３５人であった。このうち76人は、身体機能訓練、動作指導、杖などの福祉器具の提供、避難所での食事の改善、心理的サポートの提供に加えて、ライフラインの復旧、仮設住宅での生活環境が整備されたことにともない、健康状態が改善した。必要な支援や生活環境改善によって、避難所における災害関連死を減らすことができることを示すものである。

## ３　避難所生活は災害関連死につながる

避難所という生活環境が、健康悪化だけでなく災害関連死をもたらすと最初に指摘したのは、神戸協同病院の医師であった上田《うえだ》耕蔵《こうぞう》らである（上田他、１９９６）。神戸協同病院は、地震による被害が大きかった神戸市長田区にあった。同病院では、地震発生後３日目から肺炎、急性心筋梗塞、出血性胃潰瘍等の特定の内科疾患の患者が増えた。震災後の入院患者のうち３月までに死亡した人は18人であり、うち11人は避難所から入院した人であった。その半数は地震後最初の１週間に入院しており、死亡率は32％と高かった。上田らは、災害関連死をもたらす「震災後関連疾患」として、①地震後のストレスや生活環境の悪化が原因・誘因となりうる疾患、②死亡につながる疾患群（癌末期等の終末期は除く）をあげている。同病院の入院患者の死亡状況と照らし合わして分析した結果、地震から1週間の対策が救命率にかかわること、震災後関連疾患に戦略的に対応することの重要性を指摘している。この分析は、災害発生後の避難所における生活の質を改善させない限り、地震から助かった命が奪われてしまうという大きな課題を提示する。

## 4　仮設住宅での孤独死

避難所という問題を解決するためには、早急に住まいを確保・提供する必要がある。地震発生後、兵庫県は直ちに仮設住宅建設のための用地確保を始め、地震から2週間後には仮設住宅の申し込み受付を開始した。

仮設住宅の申し込みには希望者が殺到し、抽選で提供されることになった。避難生活の困難さに配慮し、入居者の選定にあたっては、高齢者だけの世帯、障害者がいる世帯、母子世帯などの配慮を要する人を優先する枠が設けられた。その結果、仮設住宅の全入居世帯（4万8000戸）のうち、世帯主が65歳以上の高齢者世帯が全体の41・8％を占め、さらにその中の51・2％が単身世帯というように、高齢者、それも単身の高齢者が多く居住する地域が形成されてしまった（阪神・淡路大震災神戸市災害対策本部編、1996）。

応急仮設住宅に入居した人々は、入居直後は、避難所での生活から解放され、プライバシーが確保された生活を喜んだ。しかし、仮設住宅での生活が長期化するにつれて不満を感じるようになった。住まいのたて付けが悪く隣の物音が聞こえる、夏は暑く冬は寒い、狭い等である（図1－10）。また、神戸市内で平地を確保することが難しく、仮設住宅の多くは郊外に建設されたものの、市の中心部に行くのに時間と交通費がかかる、買い物が不便である、通院が不便であるといった不満も

図1－10　仮設住宅の様子
（神戸市提供）

あった。

仮設住宅に一人で住む人が誰にも気づかれぬまま自死・病死する「孤独死」という問題も表面化した（額田、1999）。仮設住宅における孤独死は、1998年10月の時点で把握されただけでも224人に上り、中高年の男性が多かった。仮設住宅に住む「男性・40～50歳代・ひとり暮らし・非就業層」の日常生活の行動を調査した報告では、「テレビ以外は「何もしない」」人が39％、「2回以下の食事」が69％、「入浴3日に1回以下」が50％、「毎日飲酒する」が41％という状況であった。こういった不規則、不摂生な生活から身心が弱ることが、孤独死に至ってしまう一因として考えられる（内藤、1999）。

震災の3年後には、徐々に復興公営住宅に移り住む人が増えていった。復興公営住宅は仮設住宅に比べ生活環境が格段に改善された（図1－11）。

図１－11　復興公営住宅の様子（神戸市灘区）
（著者撮影）

入居者には高齢者が多かったことから、兵庫県は、生活援助員や高齢者世帯生活援助員を配置し、被災者宅を巡回訪問し、安否確認・生活相談を行なった。だが日本は高齢化がさらに進み、支援を必要とする対象も増えている。近隣住民、民生・児童委員や老人クラブ、それを補完するボランティアなど地域ぐるみの支援体制が必要である。

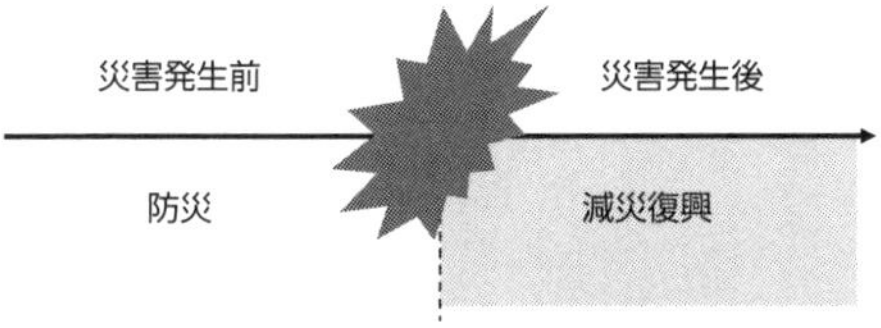


図1－12　減災復興政策の概念

## 7　想定外に備える減災復興政策

### 1　「備え」と「支援ニーズ」のギャップ

ここまで詳述してきたように、阪神・淡路大震災では想定外の問題がいくつも発生した。「想定外」の災害を前にしてすべきことは、人的・物的被害の拡大を少しでも減らすための「減災」政策と、被災した人々の生活をいち早く再建させるための「復興」政策を一体的に行うことである（図1－12）。

しかし、減災復興政策を進めようにも、大地震では「支援ニーズ」と「備え」に大きなギャップがある。行政が被災者に支援を提供するためには、全ての被災者に提供することができるだけの人・モノ・財源等の資源を備えておく必要がある。それが無理ならば、地域住民自らが備えるよう働きかけなければならない。それらの備えが十分ではない状況で災害が起きた場合に、被害を減らすための方策としては、①行政組織内の災害対応体制をみなおして、対応が急がれる業務に人員を集中的に配備して対応すること、②外部からの支援を活用することが考えられる（図1－13）。これまで詳述してきた事例を整理しながら、これをどう実現するか考えてみよう。

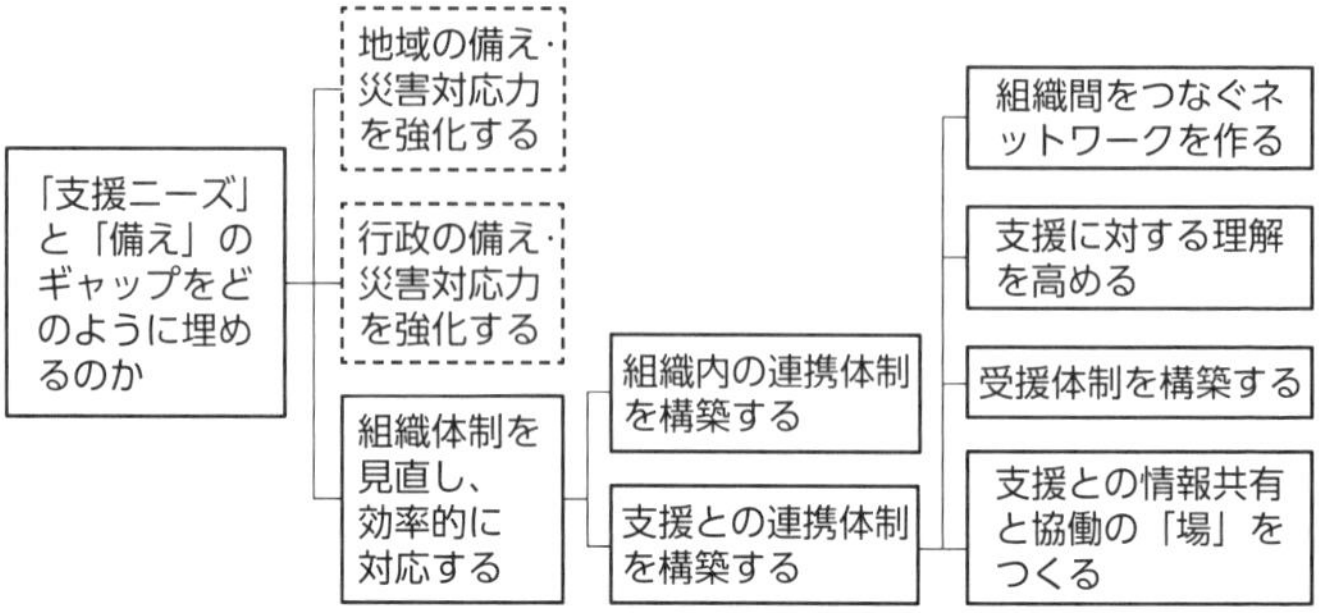


図１－13　「備え」と「支援ニーズ」のギャップ解決

## ２　支援と連携するための体制

外部からの支援との連携による災害対応を検討するにあたり参考になるのは、「災害時の組織マネジメント」に着目した海外の研究である（Quarantelli, 1966）。この研究は災害時の支援を含めた組織マネジメントを検討している。それを参考に、ここでは災害時の組織マネジメントを業務内容の専門性に応じて４タイプに類型化する（図1－14）。

①専門業務に、災害時にも同じ組織体制で取り組む（確立型）
②専門業務を活かして、新たな組織体制で取り組む（拡大型）
③専門ではない業務に、同じ組織体制で取り組む（拡張型）
④専門ではない業務に、新たな組織体制で取り組む（創発型）

①の「確立型」は、平常時より救命救急業務に従事している消防などが当てはまる。本章第４節でみたように、阪神・淡路大震災では、地域の消防隊だけでは対応が難しく、全国からの

応援（新たな要員）を得て活動した。

②の「拡大型」は専門業務を活かすのは①と同じだが、新たにチームを編成する点が異なる。例えば、第６節で登場した避難所を巡回して保健医療支援を行う専門チームの事例がこれに当たる。業務内容は平常時の業務と同様であるものの、複数の主体が連携して支援することになる。また、第４節で紹介した消防の応援部隊のチームの事例のように、資機材の互換性がないと協同して作業することが難しい。外部支援により人員が増えても対応できるよう、予め意思決定や情報共有のあり方や、人材育成、資機材や業務の標準化を進めておく必要がある。

③の「拡張型」は、計画上はあるものの日頃行ったことがない業務を行うものである。第５節の学校を利用した避難所の事例で、平常時に学校施設を管理していた学校教員が、避難所運営という新たな業務に携わったケースがこれに当たる。しかし、自らも被災しながら要員の増員もなく、平常業務（学校運営）と拡張業務（避難運営）の両方を行わなければならず、過剰な負担を強いられていた。

この③の拡張型の課題については、平常時の業務と災害時の業務を切り離すことや、どちらかの業務に集中させる等の対応

| | | 業務内容 | |
|---|---|---|---|
| | | 専門業務 | 専門としない業務 |
| 組織体制 | 既存 | ①確立型 | ③拡張型 |
| | 新規 | ②拡大型 | ④創発型 |

図１－14　災害時の組織マネジメント

が必要である。
④の「創発型」業務は、災害発生前には想定されていなかった新しい業務を、新しい要員が行うことであり、第3節で述べた、阪神・淡路大震災復興本部がこれにあたる。災害復興本部という新しい組織に、職員220人が配置され業務にあたることになった。しかし、災害が起きた後に体制づくりの検討が始められたことから、復興本部が本格的に稼働するには時間を要した。
大地震では、業務が増えることから確立型で業務を行うことは難しく、外部から支援を得て拡大型、もしくは拡張型で対応せざるを得ない。拡大型は、業務自体は平常業務と同一のため従事する人の技術や専門性については問題ないものの、前述の通り応援に来てくれる人との連携方法や資機材を標準化しておかないと機能しない。この点は、阪神・淡路大震災後に体制の整備が進み、消防においては「緊急消防援助隊」が、警察においては「広域緊急援助隊」が、医療においては「災害派遣医療チーム（DMAT）」が組織され、その後もこの体制は強化されている。

これに対し、拡張型については、平常業務とは専門が異なることから、応援に来てくれる人に技術や専門性がない場合には、業務を習得するのに時間を要するという欠点がある。この課題については、阪神・淡路大震災から30年が経過した今日でも依然として体制整備が進んでおらず、2011年東日本大震災や、2024年能登半島地震でも表面化した。その背景には、災害対応特有の専門性が求められる業務の見極めができていない、それら業務に従事する人材育成ができていないという課題がある。この点については、第4章・第5章で述べる。

なお、創発型は、業務を開始するまで時間を要することから、極力避ける必要がある。阪神・淡路大震災の事例では、復興業務が事前に検討されていなかったという課題があった。震災から30年が経過したにもかかわらず、依然として復興業務への備えが十分ではない自治体もある。復興業務を創発型としない体制づくりが求められる。

## 8　災害の知見を活かした専門人材の育成

阪神・淡路大震災の事例は、大震災に被災自治体だけで被災者を支援することは難しく、外部からの支援と連携して業務を行う災害時の組織マネジメントが求められることを示した。その核となるのがヒューマンウェアの育成である。ヒューマンウェアとは「ヒューマン（人）」とその活動を支える「ウェア（器）」のことである。ハードウェアやソフトウェアをつくるのも、想定外の被害に対応するためのシステムを動かすのも「人」である。

阪神・淡路大震災から半年後の１９９５年９月14日に行われた阪神・淡路地域復興国際フォーラムでは、日本の危機管理体制をめぐる課題が厳しく指摘された。日本では、地方分権による災害対応が基本となっているものの、地方自治体が被害を受けるとその対応は困難になる点において、根本的に脆弱である。これは本書を貫く問題意識でもある。また、地方自治体の災害対応を指揮する都道府県知事や市町村長等の首長は、選挙で選出されることからバックグラウンドは多様であり、危機管理能力を備えているとは言い難い。

そこで、考えられる解決策が、災害が起きた時に各自治体の首長をバックアップするとともに、自治体職員の人材育成を担う組織を設置することであった。そのために国と兵庫県により新たに設置された組織が「人と防災未来センター」である。

人と防災未来センターは、阪神・淡路大震災の復興プロジェクトの一環として設置された。センターには、「災害対応専門職員の育成」「実践的な防災研究と若手防災専門家の育成」「災害対応の現地調査・支援」「交流・ネットワーク」「展示」「資料収集・保存」という6つの機能がある。このうち「災害対応専門職員の育成」「実践的な防災研究と若手防災専門家の育成」「災害対応の現地調査・支援」という災害マネジメントのための人材育成の機能を担っているのが、人と防災未来センター研究部である。

研究部は、常勤の専任研究員と非常勤の上級研究員で構成される。専任研究員としては、大学院博士後期課程を修了した研究者が任期付きで採用される。専任研究員については、災害対応に有効な実践的研究を単独でできて、社会で活躍できる人材に育成することが目標に掲げられた（河田、2015）。これには阪神・淡路大震災の経験から、防災研究は実践的研究成果でなければ役に立たない、という河田恵昭《かわたよしあき》センター長の強い思いもあった。

私は大学院博士後期課程修了後の2010年4月～2014年3月まで専任研究員として勤務した。ここからは私自身の経験を踏まえて、同センターの人材育成の取り組みを紹介したい。

研究員の多くは災害に関する研究をしているとはいえ、被災現場で活動した経験はほとんどない。そこで、着任すると地方自治体の災害対応に関する実践的な知識と経験を得るために、次のような取り組みに携わることになっている。

第一に、自治体職員向けに実施されている「災害対策専門研修」を受講して知識を身につけることである。災害対策専門研修は、地方自治体の首長を対象とする「トップフォーラム」、地方自治体職員を対象とする「マネジメントコース」その他の図上演習等の特設コースに分類される。「マネジメントコース」は４コースあり、受講者の能力に応じてステップアップしていく形式となっている。研修プログラムは、災害に関する基礎的な知識から始まり、応急対応から復興についての知識や災害対策本部の管理運営を学ぶ。全コースで、災害対応に携わった経験のある自治体職員の話を聞くことができる。研修受講者の自治体職員は全国から参加しており、その多くは神戸に宿泊して研修を受講する。研修を通して受講者は交流を深め、日頃の業務の悩みや災害対応の経験を共有することができる。当然ながら受講者間のコミュニケーションの機会が増えるほど、学んだことを深めることができるし、広いネットワークが構築される。実際、研修を通して培われた行政職員の人的ネットワークがあったおかげで、２０１１年の東日本大震災やその後の災害時に連絡をとり悩みや困り事を率直に相談することができ、時には職員を派遣する、物資を送る等の協力にもつながった。

第二に、災害時に研究員が被災自治体の災害対応を支援することである。いち早く支援に駆けつけられるよう、研究員はセンターから30分圏内に住むことが義務づけられている。災害発生時には兵庫県から緊急電話を通して連絡があるために、それに対応するための電話当番が常駐している。当番になるといつでも電話を受けることができ、緊急参集が可能なエリアにいなければならない。もちろん、出張に行くこともできない。私が採用された時点（２０１０年）では、２００４年新潟県中越地震、２００７年能登半島地震、２００８年新潟県中越沖地震等で現地支援をした実績があった。なかでも新潟県中越地震は、知事が就任した当日に起きた地震であったため、先輩研究員は地震発生直後から現地に入り、知事に助言する等のサポートをしたこともあった。

第三に、独自の災害対応プログラムである「目標管理型災害対応」を開発することである。このプログラムは、災害対策本部の運営と情報発信の考え方を身につけるためのプログラムであり、２００４年新潟県中越地震、２００５年ハリケーン・カトリーナ（アメリカ）等の災害対応の事例分析に基づき考案された。災害時には真偽のわからない雑多な情報が集まってくることから、それらを正確に分析・処理し、信頼のおける情報に基づいて全庁としての災害対応の方針をまとめる内容となっている。このプログラムは、県や市町村の災害対応を想定した図上演習や自治体の首長向けの研修の基幹プログラムとしても活用されている。

このように「人と防災未来センター」の研究員は、基礎的な知識と実践的な経験にもとづく防災研究を日々進めている。このような実践的な防災のための人材育成プログラムは他に例を見ないものである。阪神・淡路大震災の苦い失敗があったからこそ、充実した人材育成につながった。今では多くの元研究員や受講者がさまざまな災害対策の現場で活躍している。関心のある自治体職員の人は研修を受けてほしい。

## 9　支援を活かす仕組みづくり

本章では、阪神・淡路大震災における災害対策の失敗を振り返り、それらにどう対応したかを詳述してきた。最後にもう一度、重要な点と課題を整理しておく。

第一に、阪神・淡路大震災の最大の失敗は、大地震が起こることを想定していなかった点である。大地震が起こることを想定していなかったことから、地震発生後の被害拡大を防ぐことができなかった。大震災後の人的被害を減らすための対応は、被災自治体を中心とした体制では限界がある。支援との連携を想定した組織マネジメントを確立しておく必要がある。この点は、阪神・淡路大震災後に人命救助に関する業務については専門チームの体制整備が進んだ。その一方で、災害時特有の避難所運営や被災者支援に関する業務については、震災から30年が経過した今もなお、課題は残されたままだ。

第二に、災害関連死を減らし、生活再建を実現するための減災復興政策の重要性である。災害が起きた後に被災者は、避難所・仮設住宅・復興住宅へと暮らしの場を変えていくものの、その過程で生活再建から取り残される人もいる。減災と復興を一体的に捉え、災害発生直後から復興に取り組む体制づくりが必要であり、それには行政だけでなく様々な主体を巻き込む必要がある。復興政策の重要性は、阪神・淡路大震災をきっかけに国内外で認識されるようになっている。ただし、どのような復興体制が望ましいのかは議論が必要である。

第三に、災害マネジメントを機能させるための組織体制が検討されていなかった点である。大震災では業務量が大きくなることから、平常時の組織体制では業務をまっとうすることは難しく、支援が必須となる。そのような支援を組み込んだ組織マネジメントを検討しておく必要がある。また、阪神・淡路大震災のような失敗を繰り返さないためには、災害対応の失敗から得られる教訓を客観的観点から分析・体系化し知識として人材育成に活かす必要がある。最後に紹介した人と防災未来センターのように、行政と研究者が一体的に災害対策に取り組み、人材を育成する組織を設置することは有効だろう。

最後に、阪神・淡路大震災の経験は、地方自治体の災害対応の役割が大きいものの、地方自治体の災害対応が難しい時に、国がどのようにサポートするのかが明らかではないという課題を示した。阪神・淡路大震災の失敗から、国も防災体制を見直し、２００１年の中央省庁再編により防災担当大臣が新設され、各省庁の連携を図るために、内閣府に政策統括官（防災担当）が設定された。内閣府が防災行政を統括することになったのは、災害対策が複数省庁とかかわる業務であり、省庁間の調整が重視されるからである。このような、災害対応における国の役割については、次章でトルコの事例から詳細に検討する。

注

1　地震による死者総数は６４３４人であり、このうち兵庫県の死者数は６４０２人であった。この数字には地震による直接死／災害関連死が含まれる。兵庫県（２０２４）「阪神・淡路大震災の復旧・復興の状況について」令和６年1月、２０２４。https://web.pref.hyogo.lg.jp/kk41/documents/fukkyuufukkou0601.pdf（２０２４年8月5日参照）

2　貝原（２００９）34頁より。斎藤は震災当時の県知事だった貝原俊民のことを回顧するなかで「神戸に大地震は来ない」という俗説に惑わされて、いつしか安全神話が生まれていたのではないか。そのため震災対策を怠ることとなり「安全」ということについて強い危機感を持って県政にあたっていたとはいえないと指摘している（齋藤（２０１５）85頁）。

3　出火件数は兵庫県・震災対策国際総合検証会議事務局『阪神・淡路大震災震災対策国際総合検証事業検証報告書』（出版年不明）より。

4　兵庫県（１９９５）に基づく。なお、五百旗頭眞（２０１５）は「8時10分に姫路連隊の防災無線が兵庫県の消防交通安全課野口係長につながった」としており、県の記述とは若干認識が異なっている。

5　神戸市長矢田立郎「阪神・淡路大震災における神戸市の対応状況」より。https://www.bousai.go.jp/jishin/chihou/bousai/3/pdf/2.pdf（２０２４年6月30日参照）

6　三ツ星ベルトの自衛消防隊による活動については、阪神・淡路大震災教訓事例集や「コミュニティが町を救う　震災前に30年間のコミュニティ活動（神戸市長田区真野地区）」リスク対策.com C+Bousai vol.2 に詳しく記載されている。https://www.risktaisaku.com/articles/-/729　（２０２４年6月24日参照）

7　阪神・淡路大震災神戸市災害対策本部編（１９９５）、上田美佐子「震災直後の3日間」２２５－２２６頁より一部抜粋。なお、上田美佐子氏は兵庫県教育委員会（１９９６）においても時系列で阪神・淡路大震災直後の学校の様子をまとめている。

# 第2章　国は被災者をどう支援するのか
## ——トルコのマルマラ地震（1999年）とカフラマンマラシュ地震（2023年）

### 1　被災者支援における国の役割

第1章では、阪神・淡路大震災が起きたときに、どのように行政が被災者を支援していたのかを詳細に述べた。そこでも指摘した通り日本の災害対策は、地方自治体の役割と権限が大きい仕組みとなっている。なかでも市町村は、被災者を支援するという大きな役割が課されている。だが、大地震では市町村もまた機能不全な状態となる。それにもかかわらず、市町村が対応できない時に、どのようにそれを国がサポートするのかという仕組みは検討されてすらいない。

災害対策の仕組みは国により異なり、日本のように地方自治体が主として被災者を支援する国は世界でも珍しい。これからの被災者の支援のあり方を検討する手がかりとして、本章では、他の国の被災者支援システムをみてみる。まずは、日本とアメリカの仕組みを比較検討し、そのうえで、トルコの仕組みに着目する。

トルコに着目する最大の理由は、次の通りである。阪神・淡路大震災をきっかけに日本の災害対策の仕組みが大きく変わったのと同様に、トルコでも１９９９年のマルマラ地震をきっかけに、災害対策の仕組みは大きく変わった。トルコは、マルマラ地震までは、日本と同様に地方自治体の役割が大きい体制であった。ところが、マルマラ地震では地方自治体も大きな被害を受け、国内の資源だけでは被災者を支援することは難しく、国外からの支援も必要となり、その結果、災害時に支援を調整する仕組みづくりの必要性が認識された。その経験に基づき、トルコは国の災害対応体制を大きく変革させ、それまで各省庁に分散していた災害対応機能を統合し、現在では国が中心となり被災者を支援する体制となっている。

国の役割を重視するトルコの体制は、地方分権により災害に対応する日本の体制とは対照的である。そこで、本章では、マルマラ地震以降、なぜトルコが災害対応体制を変え、どのような取り組みを行ってきたのかを概観するとともに、それが２０２３年のカフラマンマラシュ地震の災害対応に効果的だったのかを検証し、日本の体制との相違を比較検討する。

## 2　被災者支援システムは国によってどう違うか

### 1　日本の被災者支援システム

まず、日本の被災者支援システムをみてみよう。第1章で述べたように、日本の災害対策は災害対策基本法により規定されている。住民の生命・身体・財産を災害から保護するとともに、被災した住民への食糧・物資・避難所を提供するのは市町村である。

どのような支援を行うのかについては、地域防災計画において定められている。具体的には、災害時の救助、避難支援、避難所開設、物資提供、被災者の生活再建のための支援等が挙げられる。それらのうち、避難所と仮設住宅の供与、炊き出しその他による食事の提供、被服・寝具・その他生活必需品等の提供にかかる費用は「災害救助法」（昭和22年法律第１１８号）が適用される。災害救助法が適用されると、必要とされた救助の割合に応じ費用の５割～９割が国庫の負担となり、残りは都道府県の負担となる。

災害救助法を適用するかどうかを決めるのは、基本的に都道府県である。被災者を支援するのは市町村であるにもかかわらず、その費用をどうするのかを決めるのは都道府県となっているのだ。また、災害救助法では定められていない「想定外の事態」も災害時にはよく発生する。災害救助法で定められている基準（一般基準）で支援を実施することが困難な場合は、都道府県が国（内閣府）と協議して同意を得ることにより支援を行うことができる（特別基準）。例えば、災害時であっても高齢者等の要配慮者に対して福祉サービスを提供する必要がある。ところが「福祉」という言葉は災害救助法には記載されていないことから、災害救助法を適応して支援することが難しいという事例があった。そのような法律で定められていない事態にどのように対応するのかは、国が実施方針を検討するとともに財源を確保して、都道府県に「通知」「依頼」等の形で伝えることになっている。整理すると、被災者支援の政策実施方針は国が示し、法律の適用の決定や財源の確保は都道府県が実施し、実際の支援は市町村が行うという複雑な仕組みとなっている。これが原因で災害時の被災者支援内容は自治体により異なり、手厚い支援を提供するところと最低限の支援すら提供されないところがある、というように自治体間で支援格差がある点は問題である。

## 2　アメリカの被災者支援システム

次に、アメリカの仕組みをみてみよう。アメリカの災害対策は「国家災害対応枠組」により定められている（USDHS, 2019）。災害対策の責務は日本同様に基礎自治体にある。ここでいう基礎自治体とは行政の最小区分であり、日本の郡に相当するカウンティと、カウンティから独立した市町村で構成されており、一時的な災害対応はカウンティや市町村により行われる。

基礎自治体の被害が大きくて業務を行うことが難しい場合には、州知事からの要請もしくは大統領令に基づき連邦政府が災害対応の責務を担う。この点は、日本ではどれほど災害の規模が大きくとも、市町村長が災害対応の責務を担わなければならないのとは異なる。

連邦政府の災害対策を統括しているのが「国土安全保障省連邦非常事態管理庁（FEMA）」である。被災者支援等については「スタッフォード法」[1]を適用して行われる。日本と大きく異なるのは、省庁別ではなく、「緊急対応機能（ESF）」[2]という機能別に省庁が連携して支援が行われる点である。

緊急対応機能には、「交通」「コミュニケーション」「公共事業とエンジニアリング」等の15の機能があり、それぞれに主として調整を担当する省庁、関連する省庁やその役割が定められている。前章で述べた日本の災害対策では、捜索救助や医療等の特定の業務については、専門チームが連携する「拡大型」の体制が整備されつつあるものの「拡張型」の体制については検討されていないのに対し、アメリカでは「拡張型」を含む業務が整理され、それぞれの調整方法が具体的に定められている。

被災者支援業務にあたるのが「大衆ケア、緊急支援、仮設住宅および人的サービス」であり、連邦非常事態管理庁が主たる調整機関となり「アメリカ赤十字」「ＮＶＯＡＤ」「国家およびコミュニティ・サービス」「農業省」「防衛省」というように、省庁と民間セクターがともに連携して支援活動を調整する。また、災害発生後には、被災した州政府が同庁とともに被災地に「災害復興センター」を設置して、そこを拠点に被災者支援に関する業務を行う（阪本、２０１５）。

整理すると、アメリカでは、大規模災害時には連邦政府が災害対応の責任・財政を担い、政策の実施は州政府が中心となり各省庁と民間セクターが連携して行う体制となっている。

## ３　被災者支援政策をめぐる国と地方自治体の関係

このように、被災者支援政策をめぐる国と地方自治体の関係は国により異なり、アメリカと比べ日本の被災者支援の仕組みは複雑である。これは、被災者支援政策のみならず、他の政策においてもみられる。政治学者の飯尾潤《いいおじゅん》によれば、日本の政策は、国が主体の中央「集権」と地方自治体主体の地方「分権」という軸だけで語ることは難しく、それらに加えて、「融合」「分離」という軸においても検討する必要があるとしている（飯尾、２０１２）。「融合」とは、国と地方自治体とが協力して業務を進めるものの、どちらにイニシアティブがあるのかがわかりにくいことをさす。「分離」とは国と地方自治体の業務が別々に行われ、国が自らの政策領域で直接事務を実施し、地方自治体が政策立案・決定・実施を自己完結的に行なうものである。

前述の通り、日本の被災者支援政策をみると、地方自治体（都道府県）が政策決定・財源を担い、市町村が政策を実施する体制であることから、国との関係は「分離」されている。つまり「地方分権／分離」である。アメリカは国（連邦政府）が政策決定・財源を担い、州政府が主として被災者支援を行う「中央集権／分離」である。

このように、中央集権／地方分権、融合／分離という軸から、各国における被災者支援をめぐる国と地方自治体の関係を整理すると、次のようになる（表２－１）。

【Ⅰ型・中央集権／融合】被災者支援政策の決定・財源を国が担い、国と地方自治体が「融合」して政策を実施するところ（トルコ）

【Ⅱ型・中央集権／分離】被災者支援政策の決定・財源を国が担い、国と地方自治体が「分離」して政策を実施するところ（アメリカ）

表２－１　被災者支援政策決定モデル

| | | 政策決定の権限／財源 | |
|---|---|---|---|
| | | 中央 | 地方 |
| 政策実施をめぐる国と地方自治体の関係 | 融合 | Ⅰ型（トルコ） | |
| | 分離 | Ⅱ型（アメリカ） | Ⅲ型（日本） |

【Ⅲ型・地方分権／分離】被災者支援政策の決定・財源を地方自治体が担い、国と地方自治体が「分離」して政策を実施するところ（日本）

国が政策の決定・財源を担い、政策の実施も国が地方自治体と「融合」して行う「Ⅰ型・中央集権／融合」の体制がトルコである。トルコは大きな地震の多い国だが、元々は日本同様に地方自治体が政策決定・政策実施を行う「Ⅲ型・地方分権／分離」であった。ところが、１９９９年にマルマラ地震が起こり、甚大な被害が出た経験から災害対応体制を大きく変えた。２００９年には国全体の災害対応を統括する省庁として「災害緊急事態管理庁」が、地方自治体には「災害緊急事態管理総局」が設置された。現在では、被災者支援政策決定の権限や財源は国にあり、国と地方が一体的に政策を実施する「Ⅰ型・中央集権／融合」の体制となっている。

そもそも、トルコではなぜマルマラ地震後にⅢ型からⅠ型へと災害対応体制を変えたのだろうか。そして、その効果はどこにあったのだろうか。ここからは、Ⅲ型で対応したマルマラ地震と、Ⅰ型で対応し

図２－１　イズミット地震（1999年8月17日）の震度分布。色が濃いところほど震度が大きい。（公共事業住宅省災害総局提供）

たカフラマンマラシュ地震の事例を詳細にみてみよう。

## 3　1999年マルマラ地震

### 1　トルコの災害対策システムの変遷

１９９９年８月17日午前3時２分にトルコ北西部のマルマラ海に近いイズミットを震源とするマグニチュード７・４の地震が発生した（イズミット地震）。この地震による被害は、マルマラ海沿岸地域広域に及んだ。地震による震度分布を図２－１に示す。

地震による死者は１万８３７３人、負傷者は４万８９０１人、建物倒壊棟数は28万５２１１棟と甚大であった（Turkey Country Office World Bank, 1999）。この地震からほぼ３ヶ月後の11月12日には、８月の地震の震源よりもさらに東側に位置するデュズジェ県近郊を震源とする大きな地震が発生した（図２－２）。この地震による死者は８４５人、負傷者は４９４８人であった。

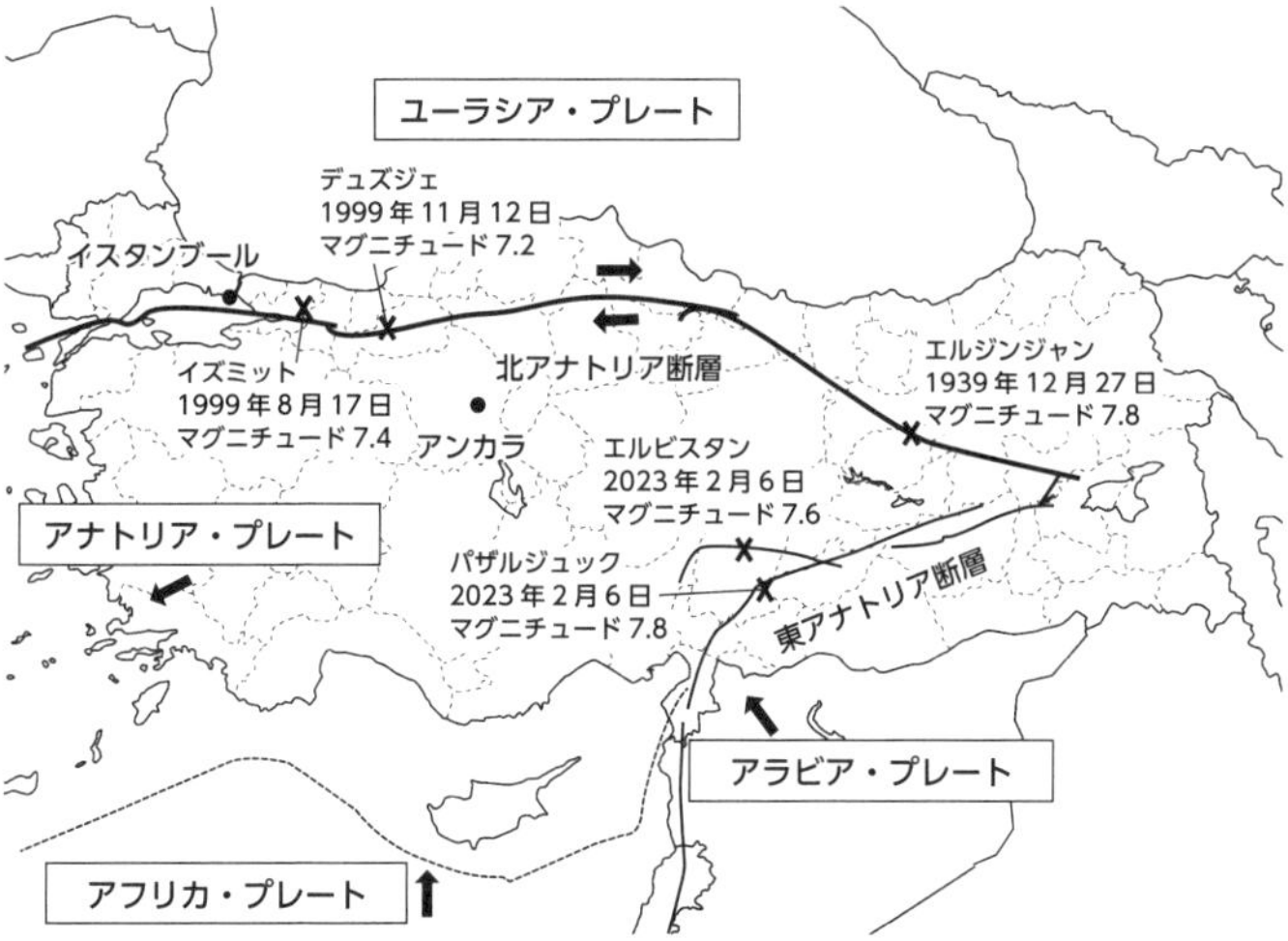


図２−２　トルコの地理的状況

これらの地震は、いずれもトルコ北西部を縦断する北アナトリア断層を震源とする地震であり、震源域が浅く、被害はマルマラ湾周辺の複数県に及ぶものであったことから「マルマラ地震」といわれる。

８月17日の地震の震源は、国内最大の人口（1600万人）を抱える大都市イスタンブール市の西方約100㎞に位置し被害は首都アンカラとイスタンブールを結ぶ幹線道路沿いに広がった。地震により多くの建物が倒壊し、電気、通信網、ガス、水道等ライフラインは断絶された。被災した地域には、工業団地も数多く位置していたことから経済被害も大きく、被害総額は約15億ドルに上った。トルコは社会経済的に大打撃を被った。

トルコは、ユーラシア・プレート、アフリカ・プレート、アラビア・プレートという３つの異なるプレートの境界に位置している（前頁の図2－2）。これまでも、北アナトリア断層、東アナトリア断層を震源とする大地震は繰り返し発生しており、災害をきっかけに防災体制の整備が進んだ歴史がある。

トルコの防災体制を構築するきっかけとなったのが、北東部のエルジンジャンで起きた1939年エルジンジャン地震である。この地震による死者は3万2962人に上り、歴史上最悪の被害とされた。被害の多くは、家屋の倒壊によるものであったことから、建物の耐震化等の地震対策への意識が高まった。そして、1944年に制定された法律第4623号「地震の前と後に取るべき方策」では、被災者の救助、支援の提供、仮設住宅の提供が定められた。また、建物の建設にあたっては地盤を確認することが義務付けられた。さらに、地震により被害を受けることが予測される地域を定めることを義務付け「地震ゾーンマップ」（ハザードマップ）の整備が進められた。図2－3がマルマラ地震発生時に用いられていた地震ハザードマップ（1996年版）である。地図は、活断層、過去地震、表面最大加速度（PGA）等を考慮して作成されており、地震の危険度がⅠからⅤの段階で示されている。地震のリスクが最も高い地域は、北アナトリア断層、エーゲ海、東アナトリア断

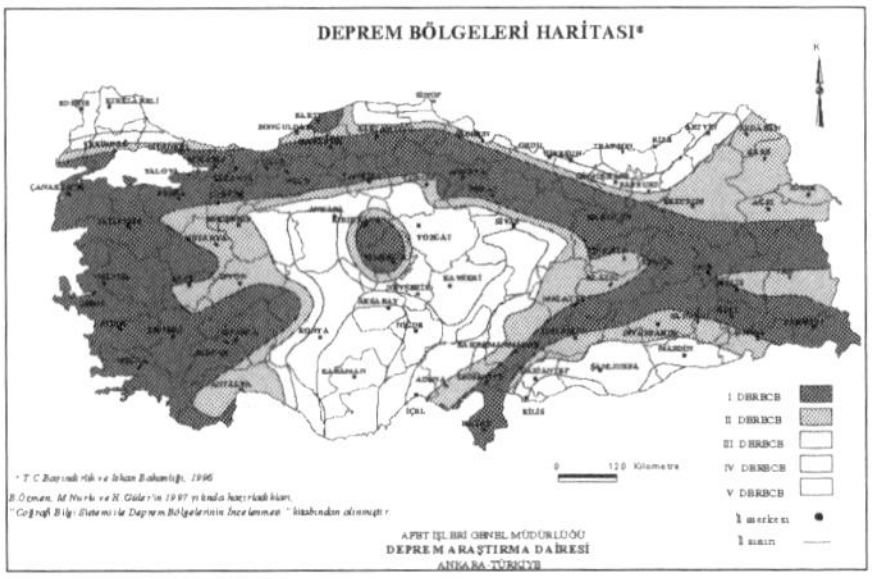

図2－3　地震ハザードマップ（1996年版）
（公共事業住宅省災害総局提供）

層沿いのエリアであり、これらの地域では厳しい建築基準が適応されていた。なお、マルマラ地震後にハザードマップは改定されている。

マルマラ地震時のトルコの災害対策システムは、１９５９年に制定された法律第７２６９号「国民の生活に影響をおよぼす災害に関する対策と支援に関する法律」に基づくものであった（Turkish Red Crescent Society, 2006）。この法律は、それまで災害が起きるたびに策定されていた法律を統合した内容となっており、災害発生時には地方自治体（県知事）が主として対応することが明記された。中央政府では主に「公共事業住宅省災害総局」（災害総局）が、国レベルの災害対応を統括することになった。災害総局の役割が大きくなったのは、科学技術に基づく事前対策と災害復興が重視されたためである。なお、災害対応のなかでも、人命救助は「内務省市民防衛総局」が担うこととなっていた。

それでは、県や郡等の地方自治体はどのように災害に対応するのだろうか。トルコには81県あり、県にはさらに小さな行政区分の郡がある。トルコの地方自治の仕組みは日本とは異なり、県知事や郡長は選挙で選ばれるのではなく、内務省の職員が派遣される。これに対し、市町村長は選挙で選ばれる。県・郡と市町村が対応する業務は異なり、災害対応は県・郡の役割である。災害が起きると、県・郡には「危機管理センター」が設置され、県知事や郡長がトップとなり対応する。大規模災害の場合は、首相が「非常事態」を宣言するとともに、「国家危機管理センター」が首都アンカラに設置され、災害総局を事務局として国全体の災害対応を調整する。「危機管理センター」は常設機関ではなく、災害が起きた時に調整のために設置される機関であり、日本でいう「災害対策本部」とも類似した仕組みであった。

## 2 地方自治体による対応の限界

このように、トルコでは、災害発生時には国レベルでは「国家危機管理センター」が設置され国全体の対応方針を示し、公共事業住宅省災害総局が災害情報の収集や情報提供を行い、被災現場では県・郡の「危機管理センター」が実際の被災者支援にかかわる実務にあたる仕組みであった。しかしながらマルマラ地震ではこの仕組みは機能せず、以下のような困難に直面した。

第一に、被害や災害対応に関する情報収集が困難だった点である。地震により、首都アンカラとイスタンブールを結ぶ電線や通信ケーブルが破断した。それにより、大規模停電が発生し、通信網は機能せず、中央政府が地方の状況を把握するのに時間を要した。また、被災者支援においては、公共事業住宅省や内務省だけでなく、さまざまな省庁との連携が求められた。例えば、食料提供は農業省と、経済被害は経済省と、国外からの支援受け入れは外務省との連携が求められたものの、公共事業省の一部局である災害総局が各省の動きを把握することは難しかった。

第二に、災害対応を担う地方自治体の職員の被害が大きく、危機管理センターが設置されるはずの郡庁や市庁舎の被害も大きく設置できなかった点である（図2－4）。地震は早朝に発生し、多くの人が倒壊した建物に閉じ込められたままであった。これは、阪神・淡路大震災時の状況と似てい

図２－４　11 月 12 日の地震により倒壊したカイナシュル市役所
（Acil Destek Vakfı 提供）

る。トルコでも同様に、被災した地方自治体を中央政府がどのようにサポートするのかは検討されていなかった。

第三に、建物被害が大きかった点である。前述の通りトルコでは法律や地震ハザードマップ等に基づき地震による被害を軽減するための対策を進めてきた。それにもかかわらず建物倒壊による被害は大きかった（図２－５）。これは、建築基準法が遵守されていないことや、建築基準法が改定される前に建てられた建物には、新しい基準が適応されていなかったためであった。地震直後から住まいを失った人への支援が求められたものの、支援するための資源は十分ではなかった。

## ３　被災地の状況

地震による被害は甚大であり、トルコ政府

図２－５　８月17日の地震により倒壊した建物
（JICA トルコ事務所提供）

の災害対応能力を超えていた。「国家危機管理センター」と県・郡の「危機管理センター」による統括は十分に機能しなかった。災害対応においては国際支援が求められた。けれども、国際支援の受け入れ手段については、それまで具体的に検討されていなかったため、世界から提供された物資や医薬品の通関手続きでトラブルが発生した。この事態を受けて、国外からの支援受け入れを含めた災害支援調整の仕組みづくりが喫緊の課題として浮かび上がった。

地震発生後の被災地の状況がどうであったのかをみてみよう。被災した人々を支援するために、国内だけでなく日本を含む世界から捜索救助隊が派遣され、食糧や物資等が支給された。住まいを失った人には、仮設住宅が提供されるまでの間はテントが提供された（64頁の図２－６）。

その後、世界から仮設住宅が提供された。日本からも、阪神・淡路大震災で利用された仮設住宅１９００棟が提供された。日本からの仮設住宅は、８月の地震で大きな被害を受けたサカリア県アダパザル市（１１００棟）と11月の地震で被害を受けたデュズジェ県（８００棟）に提供された。仮設住宅が神戸から輸送されされた際には、設置支援のために専門家も派遣された。しかし、設置過程においては、トルコの水道管の仕様と異なる等のトラブルにみまわれ、トルコに引き渡されたのは地震発生から６ヶ月が経過した２０００年２月のことであった。

私は、マルマラ地震から5年後の２００４年11月に、被災地の復興の状況を確認するためにアダパザルに行った。その時点では、郊外に復興公営住宅が建設されており住宅移転が進んでいた。仮設住宅もまだいくつか残っており、そのなかには日本が提供した仮設住宅もあった（図２－７）。日本の仮設住宅は、間口が狭かったり、トルコ人にはなじみのない畳が使われていたりと生活様式の違いから、住みにくいと不評であった。その一方で、イスラエルから提供されたコンテナ型仮設住宅は、生活様式がトルコに近いこと、かつ移設して再利用することが可能だったことから、住民の評判が良く人気が高かった。後述する２０２３年のカフラマンマラシュ地震では、トルコ政府は、仮設住宅をコンテナ型で統一し、他国の支援を得ることなく自国で調達していたのは当時の経験が活かされたためだろう。

図2-6　カイナシュル市のテント村
（Acil Destek Vakfı 提供）

図2-7　日本から移設された仮設住宅
（2004 年 11 月）（著者撮影）

## ４　災害対策を機能させるためのシステムの大改革

### １　中央政府の組織体制の改革

トルコはマルマラ地震でのさまざまな「失敗」を受けて災害対策システムを大きく改革した。マルマラ地震の災害対応の検証を行った世界銀行トルコ事務所は、改善すべき事項として以下の３点を挙げた（Turkey Country Office World Bank, 1999)。

①災害対応の強化
②建築基準法の適応のために効果的な仕組みの検討
③災害保険システムの導入

このうち①災害対応の強化については、トルコの防災体制はこれまで発生した規模の地震には対応できていたものの、マルマラ地震のような大地震には、情報の把握という点においても、必要な支援の調整においても対応できなかった。これがきっかけとなり、トルコ政府は災害対応を行う組織改革に乗り出した。その変遷を図２－８に示す。

マルマラ地震時には、災害総局が国の災害対応を統括していた。それは科学技術を活用して建築

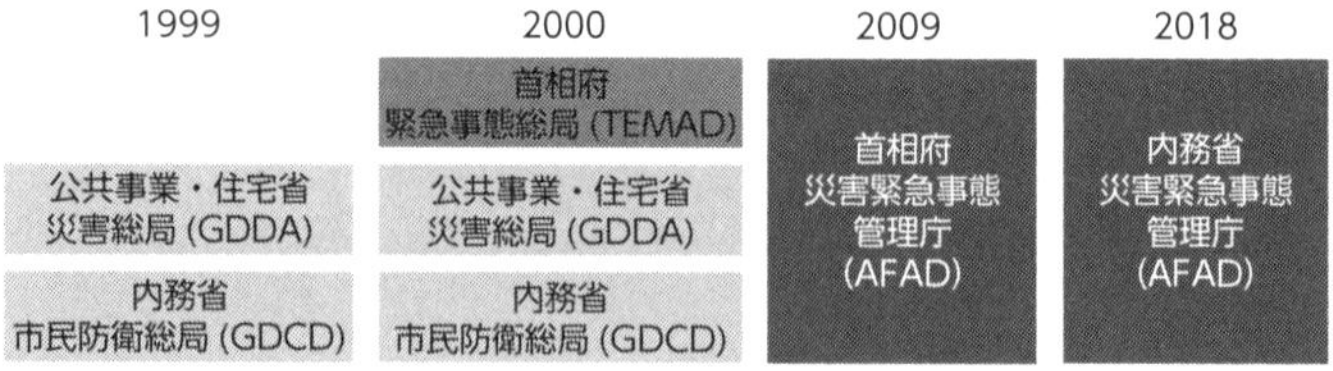


図２－８　トルコの災害対応の変遷

基準を整備し、ハザードマップを作成して地震による被害を防ぐことを重視していたためであった。しかし、災害対応には実際にはさまざまな省庁がかかわることになり、公共事業住宅省という特定の省庁だけでは、各省庁の動きを把握し、国全体の動きを統括することが難しかった。また、「危機管理センター」を災害発生後に設置するのでは緊急事態に即座に対応できないため、常設機関として平常時から災害調整を統括することのできる組織を設置する必要があった。

そこで、２０００年６月に首相府に常設機関として「緊急事態総局」が創設された。首相府に設置されたのは、全ての省庁の上位省庁として他の省庁に対応を働きかけやすいためである。これにより、災害対応全体の調整は緊急事態総局が、地震による被災者の捜索救助等は「内務省市民防衛総局」が、地震観測研究や建築基準の検討等の事前防災対策や復興は「災害総局」が中心となり行う体制になった。

２００９年には、これら３機関が統合されて「首相府災害緊急事態管理庁」が設置された。当初は、省庁の異なる機関を統合することは難しいと指摘されていたものの、更なる災害に備えるために、組織改革の必要性は強く認識された。これにより、事前防災・地震観測研究、災害応急対応、復旧復興を統合して実施できる組織体制が整えられた。災害対応においては県・郡等の地方自治体も重要な役割を担うことから、２０１８年に災害緊急事態管理庁は内務省に位置付けられた。それにより、トルコの災害対応体制は、「災害対応」に加えて「内務自治」を包括する中央集権的な体制となり、災害時の組織マネジメントも「確立型」として行えるようになった。

## ２　防災のための人材育成の強化

災害対応の組織改革とともに、復興過程で新たに始められた取り組みの一つが、ヒューマン・ウェアの強化である。これには、日本も重要な役割を果たした。

前述の通り、トルコでは、県知事・郡長等の地方自治体のトップが災害対応を統括する。トルコでは地震が頻繁に起こることから、防災に対する内務省職員の意識は比較的高い。職員の中には、過去に赴任した地域で災害に対応した経験のある職員がおり、災害が発生すると、内務省は、そういった経験のある職員を緊急的に短期間被災地に配置して対応していた。ところが、重要な責任を課されているのに対して、内務省職員に対する、防災の人材育成プログラムはそれまでは整備されていなかった。

マルマラ地震後には、阪神・淡路大震災を経験した兵庫県・神戸市の職員が、災害復興の専門家としてトルコに派遣され、防災担当職員の人材育成が重要であることを提言した。これを受けて、トルコと日本が協力して、トルコ内務省の幹部職員に向けた防災人材育成「災害マネジメント」研修を実施することになった。

とはいえ、日本とトルコの災害対策の仕組みは異なる。そこで、トルコの内務省職員、大学教員、防災専門家が、日本に派遣され、日本の災害対応・復興の取り組みについての知識を得たうえで、トルコの実情に即した内容の研修のカリキュラムを作成することになった。２００３年～２００６年に実施されたプロジェクトでは、トルコの内務省幹部職員に２６０人に対して、これら内務省職員、大学教員、防災専門家を講師とする研修が実施された。これは、トルコの郡長４分の１に相当した。トルコと日本の協力による災害マネジメント研修は２００６年に終了したものの、内務省はその後、研修センターを設置して現在に至るまで独自に人材育成に取り組んでいる。

## ５　組織間連携を重視した災害対応体制

マルマラ地震前後の大変革をみたところで、現在のトルコの体制をみてみよう。災害対応を統括している内務省災害緊急事態管理庁は、本庁と各県の災害緊急事態総局から構成される。災害緊急事態管理庁の職員は基本的に内務省職員である。

トルコ政府は、２０１２年に「国家地震戦略と行動計画（２０１２－２０２３）」を、２０１４年には災害対応の具体的な取り組みを定める「国家災害対応計画」を策定した（AFAD, 2014）。どのように業務を行うのかという詳細は「国家災害対応計画」に記載されている。計画において特徴的なのは、次の点である。

第一に、災害の規模に応じてレベル１～レベル４に災害対応体制を区分し、レベルごとに自治体間の支援体制を定めた点である。被災現場の県・郡により対応できる規模の災害をレベル１、隣県の支援が求められる災害をレベル２、複数県と本庁の支援が必要な災害をレベル３、国際支援が必要な災害をレベル４としている（表２－２）。

第二に、災害対応を省庁別ではなく、アメリカの「緊急対応機能」のように機能別にグループをつくり、異なる省庁が連携して行う仕組みとなっている点である（表２－３）。災害対応業務は整理されており、業務ごとに複数の省庁が連携して行い、その調整を担う担当省庁も定められている。例えば、被災者への支援を行うのが「避難サービスグループ」である。活動内容としてはテントやコンテナ等の避難所の提供、避難所の環境の整備、避難所の清掃、健康維持のためのサービスの整備、避難者の情報管理、ＮＧＯ等の支援者との調整等がある。避難サービスグループに関する業務は災害緊急事態管理庁が統括する。また、埋葬サービス、被災者の心のケア、後方支援体制はアメリカにはない機能であり充実した内容になっている。なお、トルコ政府は、計画を作成するだけでなく、計画に基づき災害に対応できるように、職員の人材育成や訓練も定期的に行っていた。

表２－２　災害対応レベルと支援体制（出典：AFAD（2024）を著者翻訳）

| レベル | インパクト | サポート体制 |
|---|---|---|
| L1 | 地域での対応 | 県 AFAD センター |
| L2 | 県のサポートが必要 | 県 AFAD センター ＋ １県サポートグループ |
| L3 | 国のサポートが必要 | １県もしくは２県のサポートグループ ＋ 国の災害対応力 |
| L4 | 国外からのサポートが必要 | １県もしくは２県のサポートグループ ＋ 国の災害対応力 ＋ 国外からのサポート |

表２－３　災害対応サポート・グループ（出典：AFAD（2024）を著者翻訳）

<table>
<tr><th colspan="3">グループ名</th><th>関連する省庁・組織名</th></tr>
<tr><td rowspan="19">オペレーションサービス</td><td rowspan="9">緊急事態サービス・グループ</td><td>通信サービス・グループ</td><td>運輸・海事・通信省</td></tr>
<tr><td>消防グループ</td><td>内務省</td></tr>
<tr><td>捜索救助サービス・グループ</td><td>AFAD</td></tr>
<tr><td>化学・生物・放射線・核サービス・グループ</td><td>AFAD</td></tr>
<tr><td>交通インフラ・サービス・グループ</td><td>運輸・海事・通信省</td></tr>
<tr><td>安全・交通サービス・グループ</td><td>内務省</td></tr>
<tr><td>輸送サービス・グループ</td><td>運輸・海事・通信省</td></tr>
<tr><td>エネルギー・サービス・グループ</td><td>エネルギー及び天然資源省</td></tr>
<tr><td>ヘルス・サービス・グループ</td><td>保健省</td></tr>
<tr><td rowspan="10">改善サービス・グループ</td><td>被害アセスメント・サービス・グループ</td><td></td></tr>
<tr><td>環境・都市・気候変動省</td><td></td></tr>
<tr><td>インフラ・サービス・グループ</td><td>環境・都市・気候変動省</td></tr>
<tr><td>栄養サービス・グループ</td><td>クズライ</td></tr>
<tr><td>瓦礫撤去サービス・グループ</td><td>環境・都市・気候変動省</td></tr>
<tr><td>食料・農業・畜産サービスグループ</td><td>食料・農業・畜産省</td></tr>
<tr><td>避難サービス・グループ</td><td>AFAD</td></tr>
<tr><td>埋葬サービス・グループ</td><td>国際調整省</td></tr>
<tr><td>社会心理支援サービス・グループ</td><td>家族・社会福祉省</td></tr>
<tr><td></td><td></td></tr>
<tr><td colspan="2" rowspan="4">ロジスティック及びケアサービス</td><td>サービス・グループの後方支援グループ</td><td>AFAD</td></tr>
<tr><td>資源管理サービス・グループ</td><td>AFAD</td></tr>
<tr><td>技術サポートおよびサプライ・サービス・グループ</td><td>運輸・海事・通信省</td></tr>
<tr><td>国際サポート・サービス・グループ</td><td>AFAD</td></tr>
<tr><td colspan="2">情報及び企画サービス</td><td>情報管理・評価・監視サービス・グループ</td><td>AFAD</td></tr>
<tr><td colspan="2" rowspan="4">財務・総務業務サービス</td><td>調達・リース・サービス・グループ</td><td>AFAD</td></tr>
<tr><td>会計予算および財務報告グループ</td><td>AFAD</td></tr>
<tr><td>国内外の寄付サービス・グループ</td><td>AFAD</td></tr>
<tr><td>被害アセスメント・サービス・グループ</td><td>財務省</td></tr>
</table>

## 6　災害対策システム改革は機能したのか（2023年カフラマンマラシュ地震）

### 1　カフラマンマラシュ地震による被害

このような災害対策システム改革の取り組みがあったにもかかわらず、被害を防ぐことが難しかったのが2023年のカフラマンマラシュ地震であった。

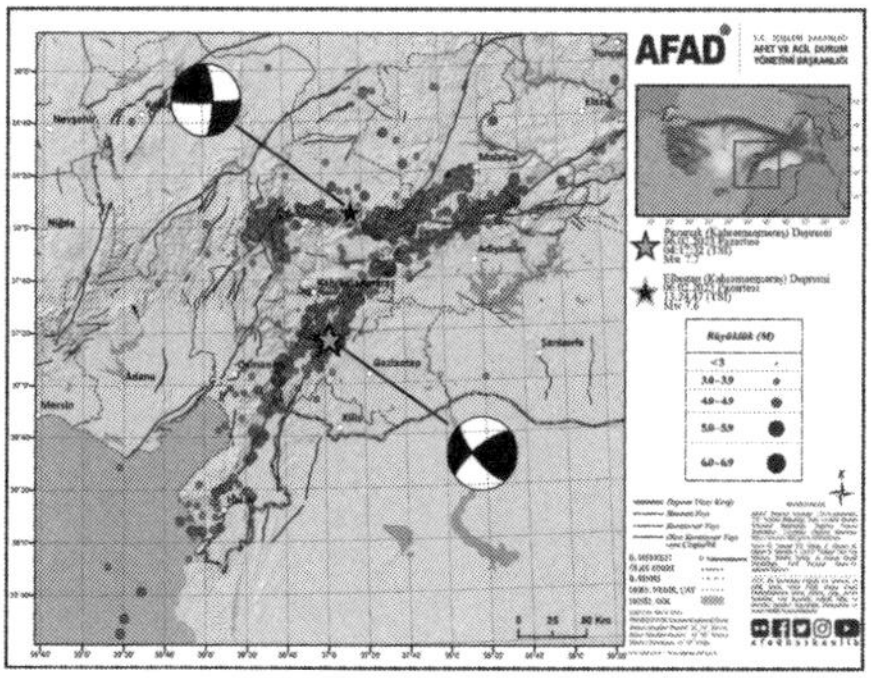


図２－９　2023年２月６日パザルジュック（マグニチュード7.7）およびエルビスタン（マグニチュード7.6）を震源とする地震と余震分布（出典：AFAD, Deprem Dairesi Başkanlığı（2023）p.4より）

2023年2月6日4時17分に、トルコ南東部のカフラマンマラシュ県パザルジュックを震源とするマグニチュード7・8の地震が発生した。その約9時間後の13時24分には、同県エルビスタンを震源とするマグニチュード7・6の地震が発生した。この二つの地震の前後にも地震が相次いで発生した（図2－9）。このように短時間の間に大地震が繰り返し起こった事例は世界でもほとんど例がなく、被害は莫大なものになった。

これらの地震によりトルコ南東部の11万㎢に及ぶ

広範な地域が被害を受けた。地震が起きたのは早朝であったため就寝中の人々も多く、建物倒壊により犠牲になった。死者数は5万96人であり、過去最悪とされたエルジンジャン地震やマルマラ地震の被害を上回った。

被害が甚大となった要因は複数あった。

第一に、極めて強い揺れの地震が繰り返し襲い、建物が倒壊したことにある。トルコでは、マルマラ地震やその後に起きた地震の経験に基づき、建築基準法が２００７年、２０１８年に改正されており、最新の建築基準は２０１９年から運用されていた。また、２００１年には建築確認検査制度が定められ（法律第４７０８）、２０１１年からは全県において建築確認が義務付けられていた。しかし被災地ではこれまで大きな地震が起こっておらず、歴史ある古い建物や、新しい建築基準が適応される前に建てられた古い建物が数多くあった。

第二に、地域によっては地盤の液状化が深刻だった点である。地盤が大きく動いたことにより、躯体の損傷は大きくなかった場合でも倒壊した建物が複数あった（図２－10）。

第三に、新しい建物についても、リフォームで不適切な柱を抜いたと推察される事例（図２－11）や、建築確認検査で不正が行われていた事例もあった。そのためか、同じ条件で揺れたはずの隣接する建物でも、被害状況は異なった（図２－12）。

現行の建築基準に基づき建てられた建物については、カフラマンマラシュ地震のような大地震でも倒壊しなかった。それでもなお被害を防ぐことが難しいのは、これらの事例が示すように、古い

図２－10　地盤の液状化により被害を受けた建物
（ギョルバシュにて著者撮影）

建物が現存していること、建物を建てた時点では合法であったにもかかわらず、その後の法改正により既存不適格となった建物があること、住民や建築業者の意識が低く耐震性能が維持されなかったことによる。

なお、このような課題は日本にも共通している。それは、阪神・淡路大震災だけでなく、最近でも２０２４年の能登半島地震（本書第５章）では、古い家屋が倒壊する、液状化によりビルが倒壊する等の大きな被害がみられたことは記憶に鮮明だろう。カフラマンマラシュ地震のような強い揺れの地震が繰り返し襲った場合には、日本でも被害が拡大することが懸念される。

## ２　災害緊急事態管理庁による被災者支援

マルマラ地震後に、万端の災害対応体制を改革してきたトルコであるが、今回の災害ではどのように被災者支援が行われたのかを振り返ろう。

災害緊急事態管理庁は、地震発生直後に非常事態宣言を被害が大きかった10県に発令した（その後17県に拡大）。地震の規模から災害対応レベル（表2－2）は最悪の「レベル4」だと判断され、国内外に支援が要請された。被災県の災害緊急事態総局には、直ちに災害緊急事態管理庁職員と内務

図2－11　5階部分の柱が抜かれている事例。（イシケンデルンにて著者撮影）

図2－12　左の建物は倒壊したが、右の建物は無事だった。（アンタキヤにて著者撮影）

省の幹部職員が派遣され業務支援にあたった。災害発生から3月1日までの間に派遣された職員数は、災害緊急事態管理庁幹部職員38人、県知事38人、郡長68人、地方自治体幹部職員１６０人であった（Government of Türkiye, 2023）。

被災県の災害対策センターでは、これら外部の支援により被災者支援が進められた。被害が大きかったハタイ県では、被災者支援業務は「給水・清掃」「風呂・トイレ」「物資」「運営」「廃棄物」に細分化され、部門ごとに応援県の職員が割り当てられていた。支援に携わった職員のなかには県知事・郡長等のハイレベルの職員もおり、これらの職員が部門長を務めて業者委託等の事務手続を行っていた。

その一人であるシノップ郡長は「業務自体は、災害対応計画にあるものだが、被害が大きいため業務量は膨大であった」と語った。事前の訓練が役に立ったものの、災害対応計画で検討されていなかった課題も示された。例えば、計画では隣接県（2県程度）が被災する事態は検討されていたものの、複数県が同時に被災する災害は検討されていなかった。災害の規模が大きいと支援体制も大きくなり、そのための人員調整も難しい、とのことであった。

なお、被災者にどんな支援を届けるかは、災害緊急事態管理庁が決定し、事務手続きは被災県の災害緊急事態管理総局が、政府の電子システムを用いて実施していた。システムのベースにある住民基礎データは、内務省が一括管理しているものであり、既存のデータを災害対応にも活用できたことが、迅速な支援の申請や支援金の提供の実現につながった。

## 3　被災地の様子

私は、トルコのゲブゼエ科大学と防災の共同研究を行っていたことから、２０２３年４月18日に被災地となったガジアンテプ県、ハタイ県、アドゥヤマン県、カフラマンマラシュ県の調査を行った。地震による建物の被害が深刻であったことや、余震が続いたことから地震が起きた直後は多くの人が建物外に避難した。２０２３年４月の被災地の様子をみてみよう。

### ①テント村

日本では、災害により住まいを失った人のために、学校等の公共施設が避難所として利用されるのに対し、トルコには避難所という仕組みはなく、その代わりに、前述のマルマラ地震の事例で紹介したように、公園やグラウンド等にテント村が開設される。マルマラ地震時には、誰がテント村の開設・運営を行うのかは明確ではなかったが、今回の地震では災害緊急事態管理庁がテントの設置や管理運営を行い、被災地はどこも同規格のテントが並んでいた。

カフラマンマラシュ県ナルルに設置されたテント村の様子を図２－13に示す。このテント村は地震から３日後に開設され、95世帯が暮らしていた。軍がテントを設置し、居住者の状況把握やテント村の管理運営を災害緊急事態管理庁の職員が行なっていた。

テントは世帯ごとに提供され、生活用品（ベッド・マットレス・調理器具・絨毯・ストーブ等）が整備されていた。これらは、災害緊急事態管理庁が個々の被災者のニーズに対応して支給したものであった。また、テント村には、シャワーやトイレとして専用のプレハブが建てられており、小学校・中学校・幼稚園として大型のテントも設置されていた（図2－14）。

前章で取り上げたように、日本では、避難所等の開設は市町村が行い、避難所の運営や清掃については地域住民の協力を求めることが多い。トルコでは、国（災害緊急事態管理庁）がテント村を運

図2－13　テント村の様子
（著者撮影）

図2－14　テントを使った仮設校舎
（著者撮影）

営し、清掃等の業務は災害緊急事態管理庁が民間の業者に委託していた。災害緊急事態管理庁の職員に、住民が運営に携わることがないか質問すると「被災者はすでにさまざまな苦しみを負っていることから、さらなる苦しみを負わせるのは良くないと考えている」との回答であった。現在の日本の仕組みは、被災市町村や地域住民にさらなる負担を強いている。その業務負担を軽減する仕組みを考えるのに、国の果たす役割を重視しているトルコの事例は参考になる。

②食事

被災した人への食事の提供方法も日本とは異なっていた。日本では、被災者に対しては保存食（アルファ化米・レトルト食品・缶詰等）が提供される。時間が経過すると、おにぎり、弁当、自衛隊やボランティア等による炊き出しが提供されるが、実際にそれらが提供できるかは被災市町村の物資調達能力や災害対応力に左右される。

これに対して、トルコでは地震発生直後から、温かい食事が提供されていた。食事の提供を担っていたのは、トルコ赤新月社クズライである。これは、前述の「災害対応サポート・グループ」（表2－3）の「栄養サービス・グループ」の主担当がクズライとなっているためである。

食事を提供するために、クズライは被災地に調理拠点を設けて、そこで調理した食事を各被災地にキッチンカーで運んでいた（図2－15）。ギョルバシ市の郊外に設置された調理拠点では、1回あたり5千食、1日あたり1万5千食（朝・昼・夜）の料理が調理師の資格を持つスタッフにより調理されていた（図２－16）。各拠点には、栄養士もおり、人道支援の国際基準でもあるスフィア基準[3]に基づき栄養バランスを考えた献立を準備していた。さらに、要配慮者についてはリクエストに応じた特別食が提供されていた。食事は、被災者ではなく全国から集まったボランティアが直後から配っており、官と民が連携していた。

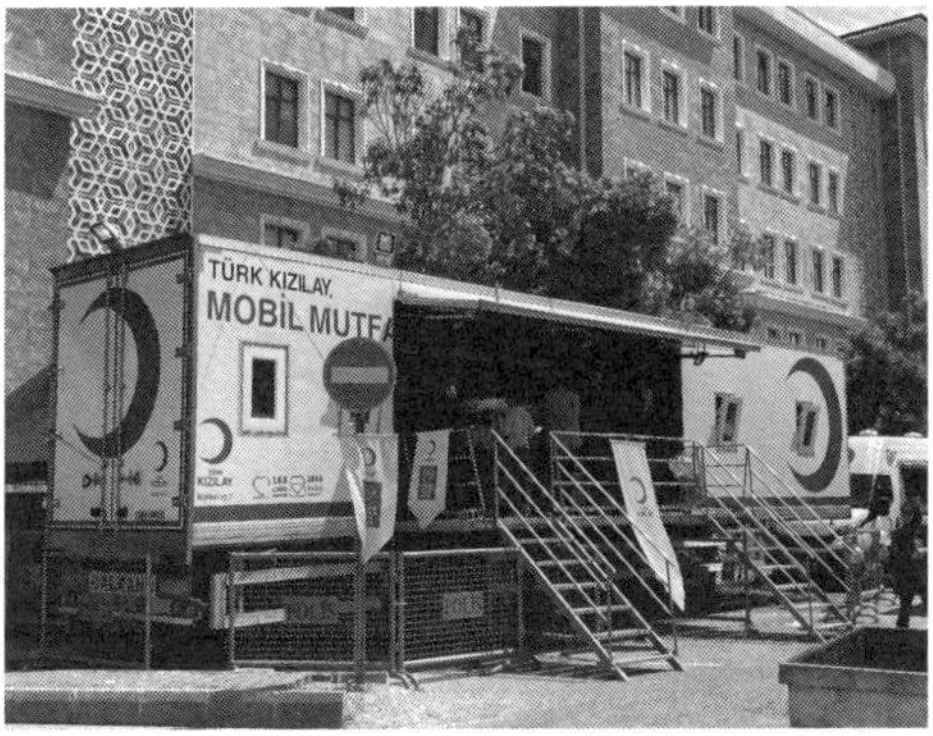

図２－15　キッチンカーの様子（著者撮影）

図２－16　拠点拠点の様子（著者撮影）

図２－17　コンテナ団地の様子
（著者撮影）

③コンテナ型仮設住宅

テント村の開設に並行して、コンテナ型仮設団地が建設されていた。早いところでは地震から1週間後にはコンテナ型仮設住宅提供が始められており、地震から半年後にはテント村は撤去された。日本の大震災の場合は、仮設住宅の提供に2ヶ月から1年要するのに比べると、住宅提供のスピードは早い。

ガジアンテップ県ヌルダー市のコンテナ型仮設団地の様子を図２－17に示す。このコンテナ団地は3地区から構成され、４２０0世帯が生活していた。地震から10日後に建設作業が開始され、1ヶ月後に提供が始められた。コンテナの設置、コンテナ内の家具や空調の提供、管理運営も災害緊急事態管理庁が担った。コンテナ団地には、管理事務所が設置されており、災害緊急事態管理庁職員が入居者等の管理事務を統括していた。

## 7　日本における国の役割を考える

カフラマンマラシュ地震は、地震の規模が極めて大きく、建物倒壊による被害を防ぐことができなかった。その一方で、災害緊急事態管理庁を中心とした被災者支援は迅速であり、マルマラ地震時と比べて統制がとれていた。ここまでの内容をまとめつつ、日本の被災者支援システムの課題を検討してみよう。

第一に、トルコでは災害発生直後のテントやコンテナ型仮設住宅の設置・運営は国主導で迅速に行われ、生活用品の支援も行き届いていた。これは、マルマラ地震時にはテント村や仮設住宅の設置が地域により異なったのとは対照的であり、災害対応システム改革の効果だといえる。今では、災害対応は「災害時の組織マネジメント」（本書38－39頁）でいう「確立型」業務であり、職員の専門性も人材育成によって高くなっている。国が主導したことにより、被災自治体には居食住について同一の内容の支援が提供され、自治体間の支援格差はみられなかった。日本では、避難所の開設や仮設住宅の設置のタイミング、食事の内容や被災者支援金等の支援内容が自治体により異なり、自治体間の支援格差があるという問題が残り続けているのとは対照的である。

第二に、被災者支援業務は全て国が担っていた。事務手続きは、応援に入った職員の支援を得て必要に応じて民間企業に業務が委託され行われていた。この点は、日本では依然として被災者支援の業務が被災市町村に課されているのとは異なる。大震災時には被災者支援業務を市町村業務から切り離し、専門性が高い職員でサポートすることにより市町村の業務負担を減らすことを考えなくてはならない。

第三に、被災者支援の事務手続きに必要な住民の基礎データ（住所・家族構成・固定資産・住宅等）は、内務省が保有するデータベースが活用された。これにより、広域避難した約３００万人の住民に同一の支援が素早く提供されていた。日本では、住民の基礎データは地方自治体が独自に管理しているため、自治体間のデータの相互利用は難しい。全国避難者情報システムも導入されたが、十分に機能しておらず、広域避難した住民の情報が把握されないという課題もある。さらに、情報管理の観点から、行政事務を応援する自治体職員が、応援先の自治体の住民データを操作することは難しい。

総じてみると、トルコでは国主導の被災者支援体制へと変革したことにより、自治体間の格差がない支援が提供され、被災自治体の業務負担が軽減されていた。とはいえ、地震発生から支援体制が整備されるまでに数日要した地域もあった。また、政策は基本的に災害緊急事態管理庁で決められており、被災県ではそれを実施するのみであり、被災県の職員のなかには、どのような経緯で支援政策が決められたのかを知らない職員もいた。さらに、クルド難民、シリア難民等の難民に対しては支援が提供されないという人道上の問題もみられた。

では最後に、トルコの事例を踏まえて、日本では国がどのように被災者支援業務を行うことが望ましいのかを考えてみよう。

表２－１（55頁）で紹介したように、現在のトルコの被災者支援は、危機管理（災害緊急事態管理庁）と内務自治（内務省）が一体となった体制であり、国と県が「融合」して被災者に支援を提供す

る「Ⅰ型・中央集権／融合」の体制である。この体制は、カフラマンマラシュ地震のような複数の自治体が被害を受ける大規模広域災害においても、支援を自治体ごとの格差なく行き届かせるという点では有効であった。また、日本では国は地方自治体で被災者支援の実施方針に相違が生じると、政策調整に時間がかかり、支援の遅れを招くことになる。このような支援の遅れは第1章で述べた災害関連死につながる可能性があるため、災害発生直後には避けるべき問題である。この点においても国と地方の融合型の体制は政策調整の時間的ロスがなく効果的であった。

日本のような「Ⅲ型・地方分権／分離」の体制には、地域に寄り添った支援を提供することができ、自治体ごとに独自の施策を展開できるというメリットもある。この点について、災害対応体制の比較研究を行なっているデーモン・コッポラは、最も成功している災害対策システムは、地方政府が災害対応のあらゆるフェーズにおいて権限、財源、マネジメントを維持し、国は支援的な役割を担うものとしている（Coppola, 2011）。これは災害対策の権限や財源が中央政府により管理されると、災害対応が中央政府の官僚主義や能力により妨げられる可能性があるためである。しかし、繰り返し述べてきたように、日本では、提供される被災者支援の質は自治体の能力に左右されるという課題があり、現在もなお解決されていない。２０２４年1月の能登半島地震においても、被災した市町により提供される支援内容が異なっていた（この点については第5章で述べる）。

最も有効なのは、大地震発生直後の地方自治体の行政機能が著しく低下する場合は、トルコやアメリカのように、国が中心となり自治体に代わり被災者支援業務をサポートする「中央集権／分離・融合」として、その間に被災自治体の行政機能の回復を急ぎ、その後のまちづくりや経済復興については地方自治体が主体的に政策を実施する「地方分離」型とするハイブリッド体制である。それを効果的に行うには、災害の規模に応じた自治体間の支援体制や、災害時特有の業務（拡張型）について省庁横断による対応できる「災害対応サポート・グループ」のような仕組みを整備し、支援を機能させることができるシステム構築が必要である。また、国が「被災者支援センター」を設置して関連業務を行うことができると、市町村の業務負担軽減につながるだろう。

また、トルコの事例からは、災害対策を機能させるには、国の防災機能を統合した省庁を設置するだけでなく、①災害対応に関わる行政職員の人材育成、②機能別に省庁や官と民が連携して災害対応を行う仕組みづくり、③被災者支援のための全国統一の住民データベース、が必要であることが鮮明となった。トルコの防災担当職員の人材育成は、第4節で見たように、阪神・淡路大震災の経験がある兵庫県・神戸市からの提言により始められたものの、現在では、国が中心となり人材育成や相互支援の仕組みが構築されている。これはマルマラ地震をきっかけに、それまでの地震観測や耐震化強化という科学技術的なアプローチから、行政職員等の「人」の育成を重視する政策へと転換したことによる。

なお、トルコが危機管理と地方自治を一体的に捉えた体制を整備している背景には、隣国シリアでの内戦や、ウクライナとロシアの紛争等の周辺国の治安情勢を受けて、災害だけでなく紛争やテロ等に対応しなければならないという状況もある。また、カフラマンマラシュ地震からの復興過程の２０２３年5月に大統領選挙があったことも、スピード感のある復興政策の実施を後押しした。
カフラマンマラシュ地震のような大地震は、日本でも起きる可能性がある。南海トラフ地震が発生した場合の死者数は、最悪で32万人と想定されている。そのような大地震に備えるためにも、被災者支援のあり方については、私たちがトルコの災害対応の事例から学ぶ必要がある。

注

1　Robert T. Stafford Disaster Relief and Emergency Assistance Act.
https://www.govinfo.gov/content/pkg/COMPS-2977/pdf/COMPS-2977.pdf（２０２４年8月4日参照）

2　Emergency Support Function #6, Mass Care, Emergency Assistance, Temporary and Human Support Annex.
https://www.fema.gov/sites/default/files/2020-07/fema_ESF_6_Mass-Care.pdf（２０２４年8月4日参照）

3　人道憲章と人道支対応に関する国際的な最低基準のこと。紛争や災害により被害を受けた人々が尊厳ある暮らしを営めるようにするための支援の基準として世界で活用されている。

# 第3章　支援がもたらした「第二の津波」とは何か

## ――備えなきインド洋津波災害（２００４年）の混乱

### 1　全く想定されていなかった大地震津波災害

第1章と2章でとりあげた阪神・淡路大震災やトルコのマルマラ地震、カフラマンマラシュ地震は、災害が起きる前は、あれほどの大地震を想定してはいなかったが、地震に対する備えはそれなりにあった。地震発生直後の対応は混乱したものの、その後は被災者のための支援が提供され、それらを活用して生活再建と復興が進められた。

それでは、災害に全く備えていない地域を大地震や大津波が襲ったらどうなるのだろうか。そのような問題を提示したのが２００４年のインド洋津波だった。２００４年12月26日にインドネシアのスマトラ島北西沖を震源とするマグニチュード９・１の大地震が発生した。さらに、地震は大津波を引き起こし、インド洋沿岸のインドネシア、タイ、スリランカ、モルディブ等の国々を襲い、死者約24万人という今世紀最悪の被害をもたらした。

被害を受けた国の多くは経済的、社会的な基盤が脆弱で、政治情勢が不安定な開発途上国であり、津波による被害を防ぐための防潮堤等のハードウェアの整備も、津波が襲うという情報を伝える仕組みや津波のリスクを伝えるハザードマップ等（ソフトウェア）の整備も、むろんそれらを機能させるためのヒューマンウェアの育成も行われていなかった。

大災害にあったインドネシア政府は、人的・資金的・技術的に厳しい状況におかれた。なかでも、震源近くに位置し、被害が最も大きかったスマトラ島北端のナングロ・アチェ・ダルサラーム州（アチェ）は、津波が起きた時はインドネシア政府と内戦状態にあり、外国人の立ち入りが禁止されていた。そのため、インドネシア政府からの支援を得にくく、世界からも孤立した状況のなかで災害に対応しなければならなかった。

津波によるアチェの被害がニュースで報道されるやいなや、アチェには国内外から膨大な支援が提供された。しかし、地震津波の直後は、被害があまりに甚大であり、それらの支援を受け入れる状況にはなかった。被災地の行政や住民との合意形成が行われないまま、被災地の実態とは合わない支援が提供され、被災地の状況は一層混乱した。混乱をもたらした国際支援は「第二の津波」と言われるほどであった。そのような混乱を経て、復興を実現するためにはまず、インドネシア政府と被災地住民との信頼関係を再構築する必要があった。そのプロセスに支援を通して世界が関与することにもなった。災害をきっかけに和平交渉は進み２００５年8月15日に和平合意が締結された。

国の災害対策システムも大きく変わり、2007年には災害対応を統括する常設機関として「国家防災庁」が設置された。

本章では、そのようなアチェの大震災と大津波災害の事例から、災害時の国際支援のあり方を考える。アチェの事例を考えることは、南海トラフ地震という大地震や大津波による被害が想定される日本にとっては重要である。なぜなら、日本もそれほどの規模の災害に国内の力だけでは対応できないからだ。国際支援を見据えた対策を検討する必要がある。

## 2　内戦と大震災に揺れたアチェ

### 1　インドネシアにおける内戦

被災当時と復興後のアチェの状況を理解するために、まずはアチェの歴史を簡単に辿っておきたい。インドネシアは1万7500の島々からなっており、国内には300以上の民族がいる多様な歴史・文化が混在する国である。アチェは、インドネシアの西、スマトラ島の北端に位置している（図3−1）。

アチェは、アチェ王国として16世紀から17世紀にかけて胡椒、タバコ等の貿易で栄えた。インドネシアのなかで最初にイスラム教が伝わったことから、イスラム教徒が多い。18世紀に入ると、東アジアでの支配を拡大しようとしたオランダがアチェ王国を占領し、王国内では1873年〜19

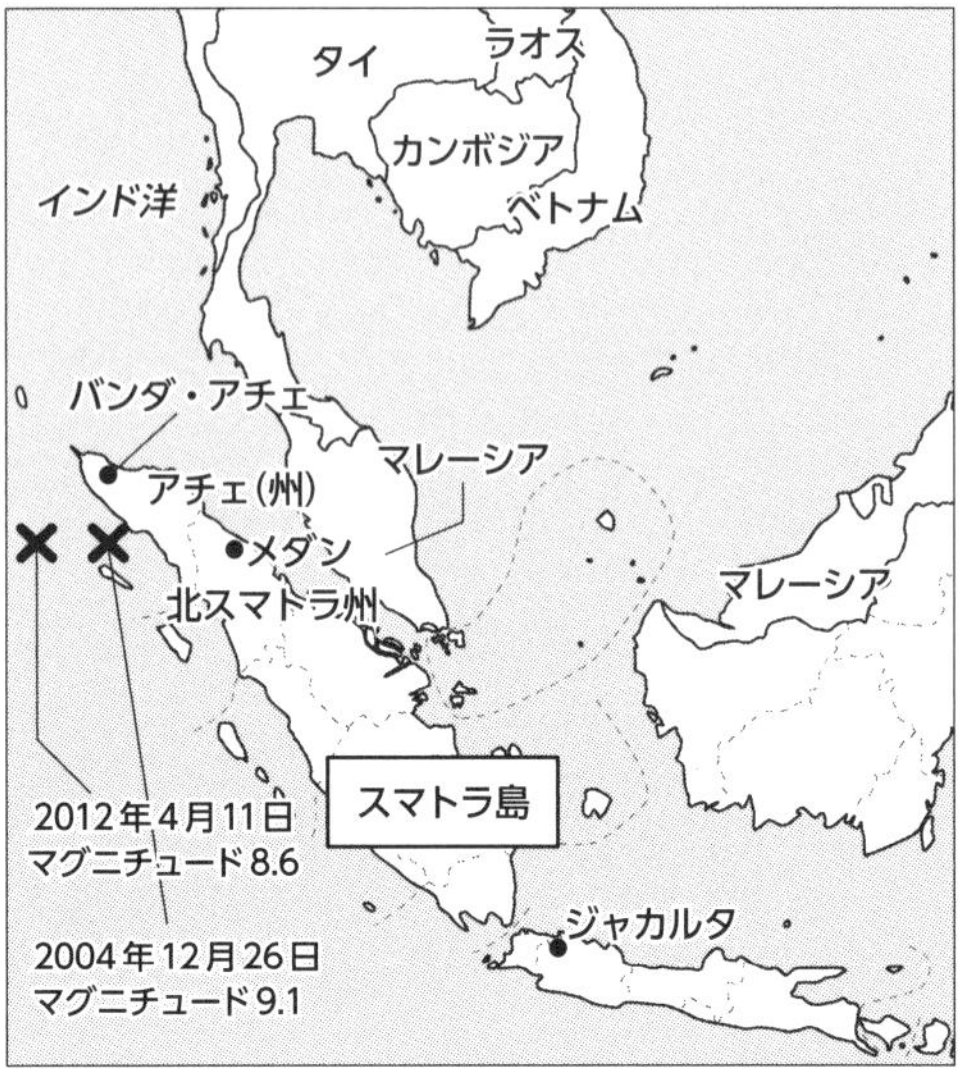


図３－１　インドネシアのスマトラ島周辺地図

１２年にかけてオランダへの抵抗運動が起こった（井上、２００１）。１９４９年にインドネシアはオランダから独立し、アチェ王国はインドネシアに統合された。統合に際しては、スカルノ大統領（１９０１－７０）から独自の教育・慣習・宗教の側面から特別な処遇を与えることが約束されたにもかかわらず、北スマトラ州に編入された。アチェは、石油や天然ガス等の天然資源の豊かな地域であった。アチェから産出される天然ガスによる収益は、インドネシア政府の重要な収入源となった一方で、その収益がアチェに還元されない、地元住民の雇用が確保されない、環境被害がもたらされる等の様々な問題が生まれた。そのため、インドネシア政府に対するアチェ住民の不満は高まった。１９７６年にはアチェの分離独立を求める「自由アチェ運動」[1]が結成された。これに対し、インドネシア政府は政府軍を投入し鎮圧を試みたものの、紛争が勃発、一時は沈静化したものの、89年ごろからまた抗争が激化した（Tapol, 2001）。

１９９８年にスハルト体制が崩壊した後も、自治を巡りアチェとインドネシア政府との間では繰り返し交渉が行われた。２００１年８月には「ナングロ・アチェ・ダルサラーム州特別自治法案」が制定された（遠藤、２００７）。それにより、知事、市長を直接選挙で選出する、アチェで産出される天然資源による税収の割合を見直す、イスラム法に基づいて自治を行うこと等が認められた。２００２年12月に政府と自由アチェ運動はジュネーブで「敵対行為の停止に関する枠組み合意」を締結した。しかし、インドネシアからの分離独立は確約されず、２００３年５月には和平交渉が決裂した。状況はさらに緊迫し、６月にはアチェへの外国人、ＮＧＯ、ジャーナリストの立ち入りが規制され、大統領令により軍事非常事態宣言が布告され、インドネシア国軍による自由アチェ運動掃討のための軍事作戦が開始された。

このように、インド洋津波発生時にアチェはインドネシア政府とはかなり緊迫した敵対関係にあり、国に対する不信感は強かった。そのような状況でインド洋津波災害は起きたことから、国がアチェの被災地を支援するという地盤はほとんど整っていなかったのである。

## ２　インド洋津波によるアチェの被害

インド洋スマトラ島北西沖を震源とする地震は２００４年12月26日７時58分に起こり、その約30分後に巨大な津波がアチェを襲った。被害はスマトラ島の16県市に及び、死者12万６６０２人、行

図３－２　津波により被害を受けたクタ・ラジャ地区で行方不明の家族を探す人たち（Imam Munadar 氏提供）

方不明者は９万３６３８人に上った（Republic of Indonesia, 2005）。州都のバンダ・アチェ市では、海岸から約５㎞内陸の地点まで津波が遡上し、建物等をことごとく破壊し、瓦礫でまちは覆われた。市内には身元確認が難しい遺体があちらこちらにあり、悲惨な状態であった。津波から数日が経過しても、行方不明の家族を探す人々は多数いた（図３－２）。安否確認を行う仕組みはなく、生存者を探し出すことも難航した。

行政の被害も深刻だった。バンダ・アチェ市では、市長をはじめとする職員の多数が死亡、または行方不明となった。州職員７万８８５５人のうち、２９９２人が死亡し、２２７４人が行方不明となった（BRR, 2006）。津波の翌日に職場に行った州職員の話によると、事務所内部は一面水浸しで、コンピュータ、電話ともに使えず事務業務ができる状態ではなかった。地震から３日後に首都ジャカルタから応援職員が到着し、屋外にフィールド・オフィスを設置して、被災した書類を整理するとともに、被害に関するデータを調査し、収集しければならなかった。

災害対応は全く機能せず、人々は自力で知人宅・親戚宅に避難する、テント等で生活を送るという状況だった。津波から1ヶ月後の時点で避難者数は51万４１５０人に上り、バンダ・アチェ市とそれに隣接するアチェ・ベサール県、ピディエ県　アチェ・ジャヤ県、アチェ・バラット県等では避難者が多く、支援が急がれた。

## ３　インドネシアの災害対応

地震発生直後から、スリランカやタイの津波被害の様子はテレビや新聞によって放送された。その一方で、震源の近くに位置していたことから、最も甚大な被害が想定されたアチェの情報は不明のままであった。アチェの様子がテレビのニュースで放送されたのは、地震の翌27日の朝であった。これは、アチェ資本のテレビ局メトロ・テレビが、津波の様子を撮影したビデオをジャカルタに向かう知人に託し、それがテレビで放送されたことによる（IFRC, 2005）。

インドネシア政府の対応も遅れた。当時のインドネシアの災害対応体制は（図３－３）、災害が発生すると、国は臨時の組織として「国家災害調整委員会」を設置し、議長は副大統領、副議長は人民福祉大臣と国務大臣、各省の大臣・軍隊・警察・赤十字が委員を務めることになっていた。また、州では州知事をトップとする「州災害調整委員会」を、地区では地区長（市長）をトップとする「地

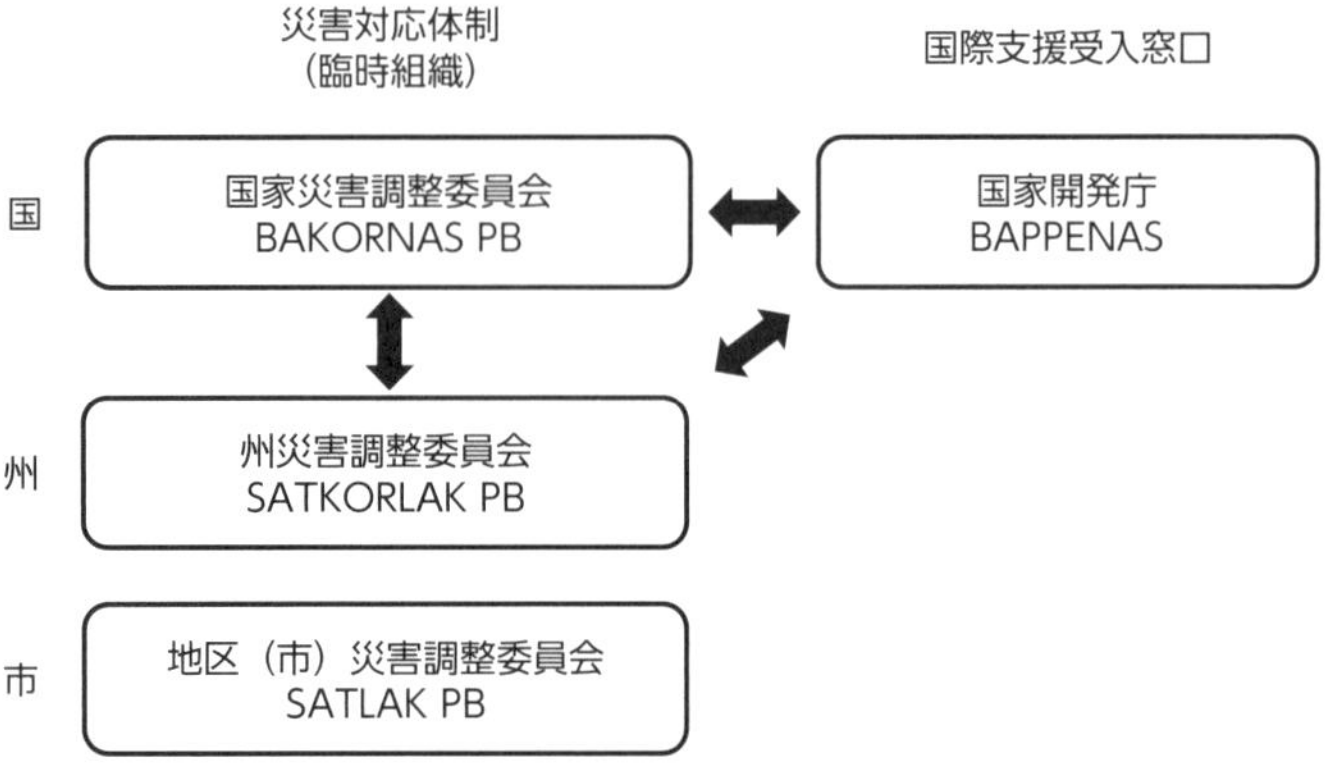


図３－３　インド洋津波発生時のインドネシアの災害対応体制

区（市）災害調整委員会」を設置して対応していた。これは、被災者支援政策決定モデル（55頁の表２－１）の「Ⅲ型・地方分権／分離」体制にあたり、日本と同じシステムである。

地震発生直後にスシロ・バンバン・ユドヨノ大統領は、国家災害調整委員会を設置して、被災地の情報を把握しようとしたが、通信網が寸断されていたことから州災害調整委員会とは連絡がつかなかった。そのため、政府関係者を被災地に派遣して、情報の把握を試みた。26日夜に、ユドヨノ大統領は津波災害を「国家災害」として宣言し、被災地に副大統領をはじめとする政府関係者を派遣し災害対応にあたるという方針を示した。その一方で、前述のようにアチェと国とは内戦状況にあり、外国人の立ち入りも禁止されていたため、公式な国際支援要請は出さなかった（IFRC, 2005）。

だが、前述した通り、被害状況が報道されると、世界からインドネシアへの支援の申し入れが相次いだ。国際支援を受け入れるには、アチェへの外国人の立入制限の解除や、被災地支援の通関手続きの免除など、体制を整備する時間が必要だった。世界の捜索救助チームや物資が首都ジャカルタに到着し始めたものの、ジャカルタの空港でとどめられた。インドネシア政府が正式に国際支援を要請したのは、津波発生から2日が経過した12月28日になってからであった。それも、被災地は混乱状況にあることから、人的支援よりも資金による支援が優先された（IFRC, 2005）。国際支援の受け入れは、国家開発庁が担当すると定められていたが、国家開発庁と国家災害調整委員会や州災害調整委員会との調整方法も検討されていなかった。

## 4　国際支援による混乱と国連による調整

インド洋津波災害の被災地の多くは、国際的に有名な観光リゾートであり、休暇で訪れていた外国人も多数津波の犠牲になった。それが、被災地に対する国際支援の機運を高める一要因となった。２００５年1月６日に、東南アジア諸国連合（ＡＳＥＡＮ）主催による緊急首脳会議がジャカルタで開催され、26ヶ国・機関が参加した。国連は半年間で９億７６９７万ドルの支援が必要との緊急支援アピールを出した（防衛研究所、２００６）。

公式の国際支援要請を受けて、アチェには世界から捜索救助チームや医療チームが派遣され、避難生活に必要な物資や食糧が提供された。さらに、インフラや農業、経済の復興のための支援も提供された。これらの支援を届けることは容易ではなかった。バンダ・アチェ市の空港は浸水を免れてはいたものの空港管制は機能しておらず、インドネシア軍が管制を担った。平常時は1日8便程度の飛行機しか行き来しない空港に、1日132機の飛行機やヘリコプターが離発着した（Wiharta, S. et.al., 2008）。交通手段、通信手段、輸送手段、宿泊施設等を確保することが困難な状況のなか、十分な装備を持たずに支援に駆けつけた組織もあった。地震から1ヶ月が経過した2005年1月の時点で、200を越す国内外の支援機関が被災地で活動していた。

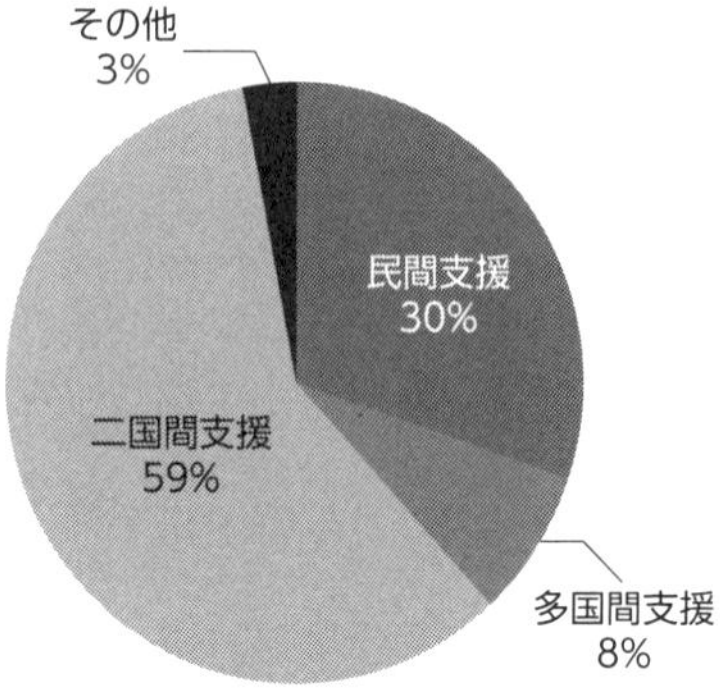

図3－4　国際支援の内訳（2008年5月時点）（出典：復旧復興庁）提供データより作成）

被害が大きかったアチェとメダンそれぞれの州に州災害調整委員会が設置され、国家災害調整委員会とこれら州災害調整委員会が連携して対応しなければならなかった。しかし、複数の州が同時に被災するという事態は想定されておらず、州間の支援を調整する仕組みもなかった。また、国際支援といっても、国連やEU等の国際機関による多国間協調による支援、二国間支援、民間支援等の多様な組織が関わっていた。図3－4に2008年5月時点のアチェに対する国際支援の内訳を示すと、民間支援は全体の3割を占めており、なかでもインドを拠点に活動を展開するNGOによる支援金額は大きく、日本政府やアメリカ政府による支援金額を上回るほどだった。

支援に関する情報を共有するとともに、その活動を調整するために、災害発生直後からアチェだけで1週間に72回の調整会議が開催された（Volz, 2005）。なかには目的が不明瞭な会議もあった。また、会議によっては参加者が特定されており、例えばインドネシア軍による調整会議の参加者は公的支援関係者に限定され、ＮＧＯ等の民間支援が参加できないという課題も生じた。このような状況は国連の介入により改善した。国連人道支援情報調整センターが設置され、支援情報の集約が行われてようやく、支援に関わる情報の共有が進んだ。

## 3　復興体制の構築に向けて

混乱した被災地の状況を建て直すきっかけとなったのが、「ナングロ・アチェ・ダルサラーム州およびニアス復旧・復興マスタープラン（復興計画）」の策定と「復旧復興庁（ＢＲＲ）」の設置である。インドネシア政府は、被災地の復旧復興に携わる関係者が共通の目標を持って取り組めるように、２００５年5月にこの復興計画を策定した。復興計画の策定の過程で、２００５年3月28日にニアス島を震源とする地震および津波が発生し被害が拡大したことから、復興計画はニアス島の復旧・復興計画をも含む形で検討された。

復興計画では、「普遍性」「インドネシアの価値」「アチェの価値」「イスラムの価値」という４つの価値が理念として掲げられた。具体的な政策課題として、住宅再建、インフラ再建、中小企業の復興等が掲げられた。復興は２００５年～２００９年の5か年計画であった。

復興を実現するために多額の国際支援が提供されたこともあり、支援金の運用に対する透明性を確保しつつ復興計画を実現することが求められた。そのために新たに復旧復興庁が設置された。復旧復興庁は復興完了（２００９年12月）までを時限に設置された独立省庁であり、迅速に復興を進めることができるよう、他省庁と同等の人事権と予算請求権を持っていた。災害復興のために、中央省庁と同等の人事・予算の権限を持つ独立省庁がジャカルタから遠く離れた被災地に設置された背景には、アチェがインドネシア政府と紛争状態であったことも影響を及ぼしていた。

復興事業は、農業、経済・インフラ復興、家屋の復興等のあらゆるセクターに及ぶものであった。そのため支援調整も大きな業務となり、セクター別にみると、復興予算の16％（２・３億米ドル相当）は支援調整業務にあてられた。

地域を主体としつつも、国際社会と一体的に復興を進めるこの新たな体制には、国際社会の注目が集まった。この試みを下支えする復興の理念が「より良い復興」である。国連津波復興特使に任命されたビル・クリントン元アメリカ大統領は、２００５年7月14日後に開催された国連経済社会理事会で、インド洋津波に対する世界からの支援を評価しつつも、災害が起こる前に被害を軽減するための対策が実施されていたならば、例えば、建築基準法が整備されていたならば、津波の早期警報が整備されていたならば、これほどまで被害が拡大しなかったであろうと述べた。[2] そして、被災地を再建するだけでなく、災害前よりも災害に強い社会をつくる「より良い復興」が重要性であ

表３−１　「より良い復興」の実現に向けた10の原則

| | |
|---|---|
| 1 | 政府、ドナー、支援機関は家族や地域が自らの力で復興するということを認識しなければならない |
| 2 | 復興は、公正と公平を促進しなければならない |
| 3 | 政府は将来の災害に対する備えを強化しなければならない |
| 4 | 地方政府は、復興の努力を管理できるように意識付けなければならず、ドナーは特に地方政府レベルでの政府の復興機関の強化に資源を割かなければならない |
| 5 | 優れた復興計画と効果的な調整は、優れた情報に基づく |
| 6 | 国連、世界銀行、その他の多国間機関は、特に復興過程の初期段階の対応におけるそれぞれの役割と関係を明確にしなければならない |
| 7 | NGOや赤十字・赤新月社が果たす役割の拡大は、復興に関する活動の質に対する責任の大きさを示す |
| 8 | 政府や援助機関は、復興活動を開始する時点から企業が活躍できる状況をつくらなければならない |
| 9 | 受益者は、ライバル関係や不健全な競争を超えたパートナー・エージェシーに値する |
| 10 | 良い復興は、リスクを軽減しレジリエンスを構築することにより、地域をより安全にしなければならない |

（出典：Manakkara（2013）を著者翻訳）

ると述べた。

より良い復興を実現するための10の原則を表３−１に示す。より良い復興の実現に向けて、地域が主体となって復興すること、将来の災害リスクを軽減すること、開発に向けての基盤を構築すること、組織間連携を強化すること、ＮＧＯや企業等の民間セクターの役割を重視することを理念として掲げている点に特徴がある。これは、世界各地で災害が起こる度に国際社会が学んできた教訓を基礎にしている。その点では理念を越えた実践的な目標であり、参考にすべきである。

なお、より良い復興の理念は２０１５年の国連防災会議に引き継がれ、世界共通の防災の取り組み目標として採択された「仙台防災枠組み　２０１５―２０３０」の「優先行動４――効果的な災害対策のための備えの強化と、復旧・復興・再建のためのより良い復興」として明文化された。東日本大震災の被災地でもより良い復興の実現をめざして、震災体験の伝承、農業・漁業振興、まちづくりなど多様な取り組みが行われている。

## ４　実現されなかった防災ハードウェアの整備

### １　防災ハードウェア整備をめぐる課題

それでは、実際のインドネシア政府による復興計画に掲げられた事業は、その後どのように実施されたのだろうか。復興計画において重視されたにもかかわらず、実現に至らなかったのは、防災ハードウェア整備である。津波による被害を防ぐ大規模防潮堤の建設は、マングローブ等の自然環境の持続性に配慮して実現には至らなかった。

災害に強いまちづくりも実現しなかった。アチェでは、津波により50万人を超す人々が住まいを失ったことから、単に住まいを再建するのみならず、津波による被害を受けないまちづくりを目ざすことが復興計画に掲げられた。そのための方法としては以下の３点が示された。

・将来起こる災害から国民を最も効果的な方法で守る

・地域にとってより質の高い環境を創生する
・災害により被災した地域が日常の生活を営むことができるような社会経済設備とインフラを再建する

都市計画については、被災した地区ごとにゾーン分けし、地理的特性に応じて計画を策定するという案が出された。バンダ・アチェ市であればゾーンⅠ～Ⅴに区分され、ゾーンⅠ～Ⅲが開発規制エリア、ゾーンⅣが開発促進エリア、ゾーンⅤが保護エリアであり、海岸から約２㎞以内の地域が最も厳しい開発禁止エリア（ゾーンⅠ）に指定された。

住宅については、５年間で住宅１万７８０９戸を建設するという数値目標が掲げられた。そのためにはアチェ全体で２億米ドル、復興全体の予算の15％相当の金額が必要だった。住まいの提供は、被災前の住宅所有状況や被害の程度（全壊・半壊、土地喪失）に応じ行われた（BRR, 2006）。持家が全壊した人には、被災前の住宅の床面積等にかかわらず、一律の支援が提供された。住民は、支援機関が住宅を建設し提供するケースと、一定の建設資金を得て自分で再建するケースのいずれかから選択することができた。さらに、被災地での住宅再建に加えて、津波のリスクがない高台に住宅地を定住地（リロケーション）として開発し、そこへの移住が促進された。被災後のまちづくりの状況を詳細に見てみよう。

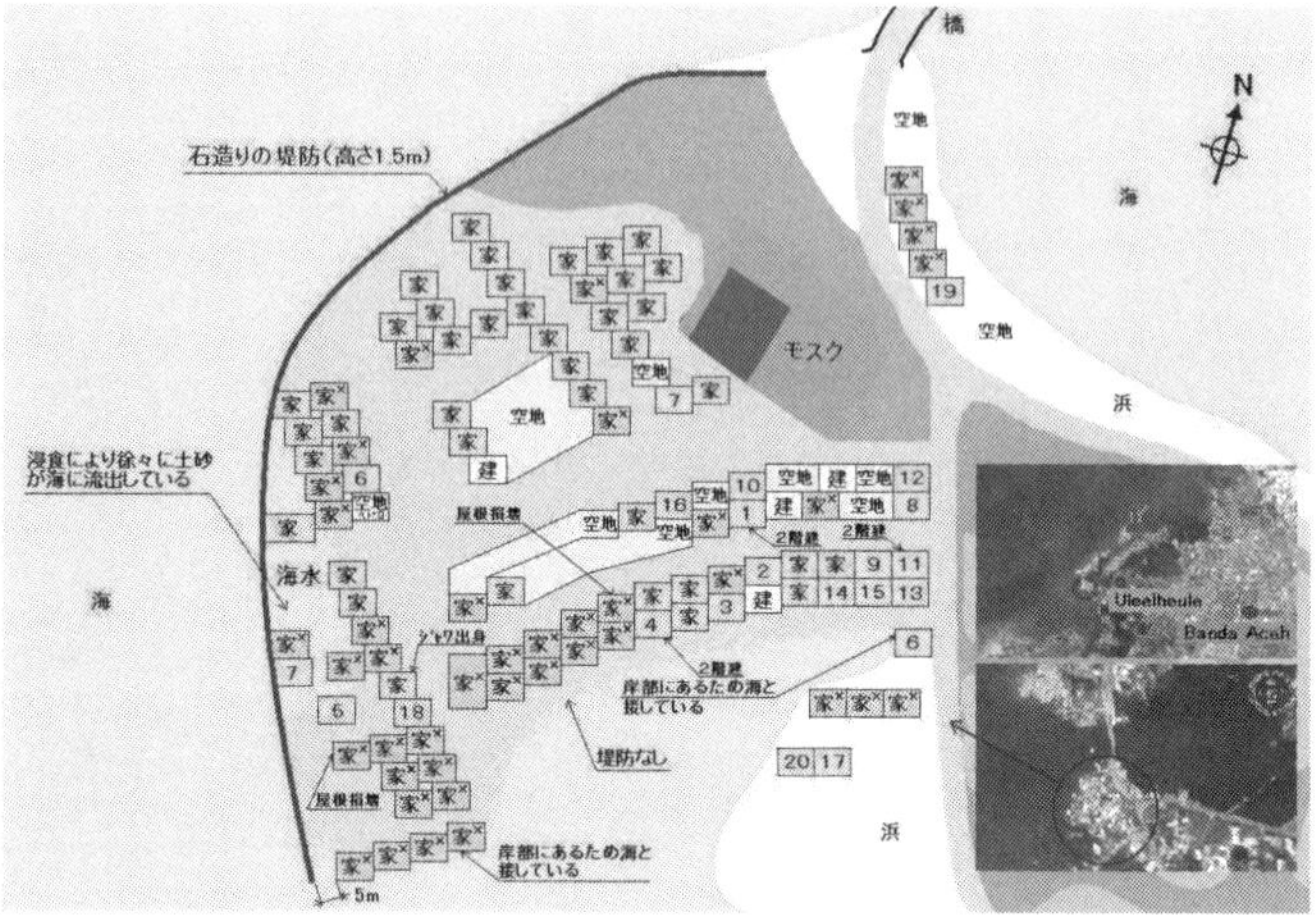


図３－５　ウレレの居住状況（2007年８月16日時点）

## ２　人のいないところに住まいが建てられた

バンダ・アチェ市のなかで津波の被害が最も大きかった地区がムラクサ地区ウレレである（図３－５）。この地区では、津波により被災前の居住人口の82％に相当する２万５５６１人が亡くなった。海に近いために、復興計画ではゾーンⅠ（開発禁止エリア）に指定された。２００８年に著者が地元のシャクアラ大学の学生とともに住宅再建状況を調査したところ、86戸の住宅が再建されていたことがわかった。再建された住宅のうち29戸（34％）は空き家だった（図３－６）。なかには築後３年の時点で、屋根が壊れ住めない家や、建築途中で放置された家もあった。

再建された家の住人に、どのように住宅支援を得たのかをたずねると、支援機関が各世帯を訪問して家族構成等を調査し、それに基づき住宅が建設されたとのことであった。空き家についてたずねると、「家族が全員行方不明であり、住む人がいない」、あるいは「海辺に住むのを怖がり高台に引っ越した」ということだった。それらの持ち主のいない家については、その後、他の地域からやってきた人が居住するようになった。

このように復興計画では開発禁止とされた津波のリスクが高い海辺に、居住実態に見合わない住宅が建設されていた。これには、行政が被災し、住民台帳などの基礎データを喪失し、住民の居住状況に関する正確な情報が把握できなかったことも影響を及ぼしていた。また、住宅建設にあたって必要な諸手続き、例えば、建築許可申請の申請や、必要とされた建築基準がどのようなものかは国際支援機関には不明であった（Huda et.al., 2007）。各国際支援機関は、独自に調査を行い、独自の判断で住宅を建設した。建設過程では、建設ラッシュによる資材の高騰により、当初の予定価格で住宅が再建できず、手抜き工事が行われたり耐震基準を満たさない住宅が建設されたりした。

図３－６　リスクが高い開発禁止エリアに再建された住宅。津波で犠牲になり、住む人のいない家も再建されていた（著者撮影）

津波により土地と住宅を喪失した人（土地喪失者）と住宅を失った賃貸住宅居住者に対しては、再定住地が

図３－７　台湾のNGOの支援により郊外に建設された再定住地のツーチー村（著者撮影）

建設された（図３－７）。再定住地は、バンダ・アチェ市から10㎞程度離れた郊外の高台に建設された。そのため市内に通勤する交通費がかかるようになったり、水道等のライフラインが整備されていなかったりと、さまざまな課題が生まれた。

## ３　津波被災地のまちづくりをめぐる葛藤

以上に述べた復興まちづくりの事例は、将来の災害リスクをどのように位置づけるべきなのか、という問いを示している。ムラクサ地区で災害リスクが高いにもかかわらず再び家が建てられたのは、被災前にそこに家があったからである。多数の人がそこで犠牲になったという被害実態や、再び津波が襲うかもしれないというリスクへの配慮はみられなかった。

将来的な津波リスクを考えるのであれば、郊外の高台のような安全な場所に丈夫な家を建てる方がよい。とはいえ、高台は都市中心部から離れており利便性は悪い。インド洋津波のような大地震の起こる頻度は高くない。滅多に起こらない巨大災害に備えることを重視するのか、それともそこに住む人の暮らしに重点を置くのかという葛藤がみられた。

この点について、復旧復興庁のトップであったクントロ・マングスブロト元長官は、当時を振り返り、被災したにもかかわらず人々は海の近くに住むことを望んでいたという。[3] 津波リスクを人々に問うと「アッラーの意思である」「何かが起きたとしても、それは自分とアッラーとの問題である」と答えた。そのため、海岸近くに住むことの妥当性を問うことは止めたと述べている。将来的な災害リスクもよりも、利便性を求める住民の意向が尊重された。

復興まちづくりを研究するエリザベス・マリは、より安全な場所に災害に強い住まいを建てたとしても、そこでの人々の暮らしが成り立たなければ意味がない。住まいの復興という点に着目するのであれば、より良い復興よりも人を中心とした復興が重要であると述べている（Maly, 2018）。結果として、アチェでは将来的な災害リスクよりも人々の暮らしが優先され、被災した沿岸部に再び建てられた住まいに多数の人が居住している。だが、再び大きな津波が襲う可能性がある以上、この選択にはリスクが伴う。津波のリスクを人々が知り、避難できるようにするためのソフトウェアの整備や人材育成は必須である。

## 5　減災のためのソフトウェアの整備

### 1　地震発生時の人々の避難行動

このように津波リスクを避ける安全なまちづくりは一部の地域でしか実現しなかった。その一方で、津波避難のためのソフトウェアの整備は飛躍的に進められた。インド洋津波災害の課題は、第一に、地震後に津波が到達するという情報が人々に伝えられていなかったこと、第二に、津波発生時にどのような行動を取るべきかを住民が知らなかった点が挙げられる。インドネシアでは過去にも繰り返し津波災害が起こっていたものの、最後にこの地域を大きな地震・津波が襲ったのは1907年のことであり、当時の教訓は一部の地域を除きほとんど継承されていなかった。この状況は、2011年の東日本大震災において、大多数の人々が津波はどのような現象であり、地震後に津波が来ると想定される場合に高台に避難しなければならないことを人々がよく知っていたのとは対照的である（第4章）。

地震発生直後に地域が混乱した様子はニュース映像として残されている。地震の震源近くに位置していたことから、揺れによる被害も大きく、倒壊した建物も多数あった。ニュース映像には、地震が起きた直後に家族の様子を確認するために、急いで帰宅しようとする車やバイクでまちの中心部が渋滞する様子が放送され、しばらくすると、沿岸部から町の中心部に走ってくる人々の様子が映し出される。ニュース・キャスターが通行人にインタビューすると、「水がきた。水がきた」と言って別の方向に走っていった。インタビューする側も、何がどうなっているのかよくわからない様子である。その直後に商店街のなかを、瓦礫を押し流しながら津波が流れてきた。人々は街の中心部のモスクや建物の上層階に必死で登った。

地震や津波に備えるための人材育成を考えるに当たっては、災害時に人々がどのように行動するのかを知る必要がある。地震や津波に直面した時の行動原理や心理状況を把握するために、筆者は２００８年８月８日～10日にかけて被災した人たち10人にインタビューを行った。そのうち２人は津波が来る様子を目撃し、避難した時の様子を詳細に語ってくれた。それらの内容は次の通りである。

――アブダラー、男性、ムルドゥアティ居住

朝８時ごろ、私は朝食を食べていた。妻は洗濯中だった。小さい地震が起きた。妻に「地震だ」と言ったものの、妻は気づいていなかった。30分後に大きな地震が起きた。私たち家族は、家の前の道路に走って飛び出した。道路で私たちは祈った。アッラーの名前を唱えた。大きな地震で私たちは大きく揺らされた。

９時すぎ頃、誰かが「海の水があがってきている。あがってきている」と叫んだ。それは（沿岸部の）ウレレの方からだった。私には海の水が来ているのは見えなかった。建物がさえぎっていたからだ。妻は地震で散らかった家の中を片付けようと家の中に戻った。少しすると、飛行機の音のような轟音が聞こえた。その瞬間、水が来ているのが見えた。私は家族を呼び、二階に上がらせた。二階からは、海の水が一度に押し寄せてきているのが見えた。人々が波にのまれていくのも見えた。二階には私と家族の他にも何人かの人がいた。小さな子供も一人いた。海の水は私の家を通り抜け流れた。全てのものがなくなった。最初の波は大体６ｍくらい。二回目の波はもっと大きく、強く、私は屋根に上がった。二回目の波が来た時、私の家族は二

階で波にのまれた。けれども、波に連れ去られることはなかった。波が来た時に私と私の家族のまわりに11人くらいの人がいた。その時の状態は、本当に悲劇で、世界の終わりが来たのだと思った。

――イブ・ミニ、女性、45歳、幼稚園教諭

津波のときはウレレのビーチにいた。母の売店を手伝っていた。6時半に母のところに行った。仕事のためだったが、その時は出発前からいやな予感がしていた。バイクのタイヤに穴があいていたことと、4番目の子供が普段は自分が出かける時に一緒に行きたいと言わないのに、その時に限って「連れて行って」と言った。いやな予感がしていた。7時にウレレのビーチに着いた。商品を7時過ぎに並べ終わった後、地震が起きた。みんなパニックになって砂浜に座り「アッラー・アクバル（アッラーは偉大なり）」と祈った。私たち家族も座り、皆で抱き合った。揺れが大きく倒れそうになった。地震の後、母が早く家に戻るようにと言った。けれども、母は帰らなかった。母はとにかく「私のことはいいから。とにかく家に早く。早く帰りなさい」と言った。警察の前を通り、家に帰った。

地震から約30分後に、ウレレの方から人々がダッと走っているのを見た。丁度その時に水が見えた。その前に、ウレレの浜の水がどっとひいていくのを警察署のあたりで見た。人々は、魚を取りに行っていた。遠くからみると魚を取っている様子が、まるで金を取っているように

見えた。海にいた人々は、砂浜で魚を選んでいる様子だった。

人々は、「海の水が怒り狂っている。これは、あぶないぞ」と叫びながら走っていた。海の水は、怒り狂っていて、私はシンパリマの交差点まで走った。最初はグランド・モスクまで走って行こうと思ったけれど、周りの人に「行くな。行くな。グランド・モスクには行ったらいけない。そこにも水が来ているから、行くな」といわれた。そこで、ハラパン・ブンダという病院に向かい走っていった。そこにも、走っている人がいて「マタ・イーの水も怒り狂っている」と言いながら、走ってきた。私は、子供と二人で走っていった。ラムラガンの警察署の前で止まった。もう疲れて走ることができずに、子供に「もうここでいようね」と言った。

これらの被災者の以外にも計８人に対してインタビューを実施したが、印象的な点が二点あった。第一に「津波」という言葉がほとんど使われていなかった点である。津波ではなく「波」や「水」という言葉が用いられていた。迫り来る波を「津波」として認識していないことがわかる。第二に、津波を見た後の行動が、無秩序だった点である。「２階に慌てて上がった」「あちらこちらに向けて走った」というように、避難場所がどこなのかがわからぬまま、波から逃れようとやみくもに走る、人々の混乱した行動が浮かび上がる。

## 2 インド洋津波警報システム導入に向けた取り組み

インド洋津災害が起きた時に、地域の人々は地震後に津波が襲うという知識を持っておらず、いざという時に避難する場所も整備されていなかったことが被害を拡大させた。そのため、復興過程では国際支援により避難タワーが建設され、避難経路が整備され、避難場所を示す看板が設置された。

図3－8　津波サイレン（著者撮影）

また、津波早期警報システムも導入された。この警報システムは、海底で起きた地震による水圧の変化を海上のブイに伝達し、人口衛星を活用してその情報をリアルタイムでインドネシア気象気候地球物理庁のメインステーションに伝える仕組みとなっている。津波を市民に伝えるためにバンダ・アチェ市内6ヶ所に津波サイレンが設置され、現在では全域でサイレン音を確認することが可能となっている（図3－8）。

津波早期警報システムは、どのように運用するのかという方針が定まらず、設置後しばらくの間は運用されていなかったものの、2011年の東日本大震災の発生をきっかけに、運用方法が本格的に検討され、2011年10月に運用が開始された。その際に重視されたことの一つが、メディアとの連携である。

テレビやラジオは、公共放送を通して即時に多くの人に情報を伝えることができることから、災害時の情報伝達において重要な役割を担う。そのため、例えば日本では日本放送協会（ＮＨＫ）が、災害対策基本法において指定公共機関として位置付けられている。また、気象庁が気象・地象・津波・高潮および波浪の予報・警報を出す場合には、ＮＨＫはそれを放送することが気象業務法に定められている（気象業務法第15条）。

ところが、インドネシアでは事情が異なった。インド洋津波時には、気象情報を観測する気象気候地球物理庁がメディアに地震・津波に関する観測情報を提供するという仕組みはなかった。そこで、地震や津波に関する情報を、同庁から即時にメディアに提供する方法や、それを報道する仕組みを、メディアと同庁や防災庁が一緒になって検討した。

津波早期警報システムの運用が開始されてから２年後の２０１２年４月11日15時38分に、スマトラ島沖でマグニチュード８・５の地震が発生した際には、気象気候地球物理庁は地震発生から５分後の15時43分に津波警報を発表し、同時にメディア各局にも伝えられた。地震災害後に11社の放送局のうち９社は情報を受信すると直ちに、その時放送していた番組を一旦中止し、津波の緊急放送を伝えた。ただし、なかには情報を更新せずに、同一の情報を繰り返し伝えるだけの局もあった。そこで、メディアからの提案を受けて、必要な情報をわかりやすく伝える様式が作成された（図３－９）。新しい様式では、津波警報が色別で表示されるというように、一目で情報が確認できるものとなっている。現在は、各メディアはこの様式を活用して津波の情報をいつでも伝えることができるよう訓練されている。

図３−９　メディアも参加して考案された津波に関する情報をわかりやすく伝えるテンプレート

## 6 「クラスター」制度の誕生

インド洋津波災害は、災害復興における国際支援の重要性だけでなく、それがもたらしうる混乱と支援マネジメントの大切さを世界に提示した事例でもあった。この災害の経験を踏まえて、インドネシア政府は災害対応体制を大きく変えた。２００７年４月に「防災法」（２００7年法律第24号）が制定され、２００８年５月に災害対応や復興を統括する省庁として「国家防災庁」が、州政府については「地方防災局」が設置され、トルコと同型の「Ｉ型・中央集権／融合」型へと体制が転換した。

国際支援の受け入れについては、「災害対応における国際機関および海外のＮＧＯについて」（２００8年法律第23号）が定められ、災害対応を強化するとともに、災害リスクそのものを軽減し、被災者・地域の早期復興のために国際機関やＮＧＯと連携することが目標に掲げられた。

また、インドネシアだけでなく、世界の国際支援の仕組みについても大改革が行われた。国際連合は、インド洋津波やその後発生したパキスタン地震（2005年）の経験を踏まえて、2005年に国連人道問題調整機関および機関間常設委員会が人道支援改革に着手した。そして、災害時の支援調整の仕組みとして、「クラスター」制度が誕生した。具体的には、災害対応が求められる機能を、「水と衛生」「避難所」「保護」「栄養」「ロジスティクス」「保健」「食料確保」「非常通信」「教育」「早期復興」「キャンプ調整」というクラスターごとに分類し、国連機関と非国連機関（被災国政府、支援組織：公的セクター／民間セクター）が連携して、被災国の支援調整をサポートする仕組みである（図3－10）。

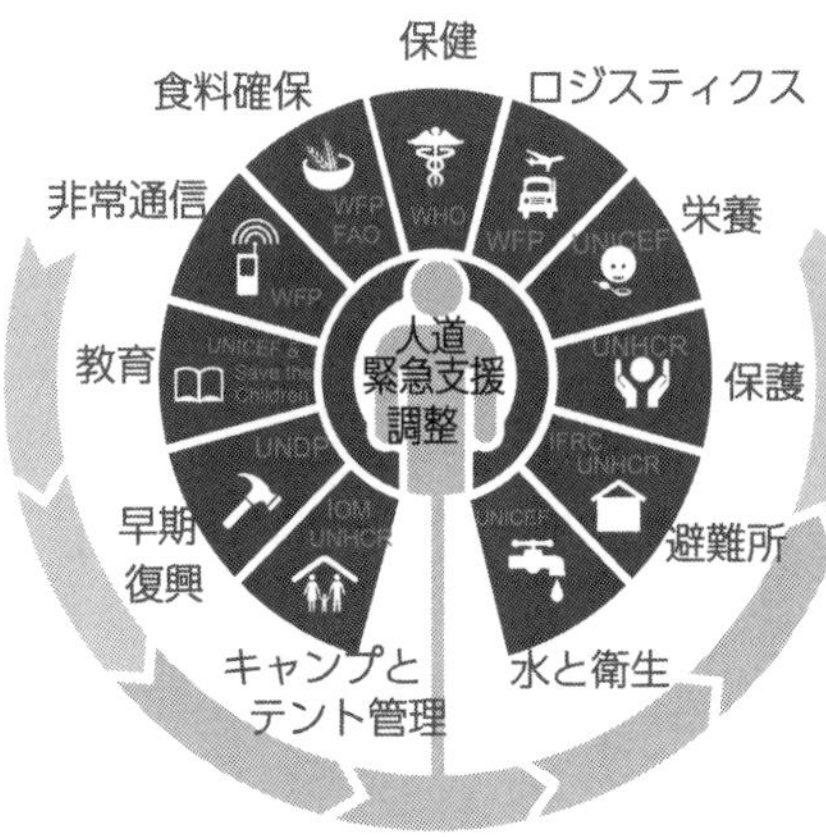

図３－10　クラスター制度

クラスターは、機能別に支援組織で情報を共有し、活動を調整するという点においては、前章で述べたアメリカの緊急対応機能やトルコの災害対応サポート・グループの仕組みと似ている。異なるのは、アメリカやトルコでは各機能のメンバーとなる省庁等が事前に決められているのに対し、クラスターに参加する組織には国内外の公的組織や民間組織も含まれ、被災地支援に関わる組織であれば参加できる緩やかな連携の仕組みである点だ。災害発生直後の混乱した状況は、国連が主導するクラスターで対応し、その間に被災国政府は自律的に対応できるよう機能を回復することができる。クラスターは２０１０年ハイチ地震、２章で取り上げた２０２３年トルコのカフラマンマラシュ地震等のその後世界で発生したさまざまな災害支援に適応されている。

## ７　より良い復興を目指した人材の育成

### １　被災経験から学ぶ仕組みづくり

アチェの復興の取り組みのなかで、災害による被害を軽減するために重視されたのが、被災経験を語り継ぐとともに、災害対応に携わる専門人材の育成であり、ここには阪神・淡路大震災を経験した日本の知見も活用されている。

アチェには津波災害を伝えるさまざまな碑、遺構、ミュージアムが建設されている。津波により、港から内陸部５㎞の地点にうちあげられた巨大な発電船は、そのままの姿で保存されミュージアムとなっている。市内随所には、津波碑が建てられている。このうち、津波が来襲した高さを示す津波メモリアルポールは日本政府の草の根無償資金協力により設置されたものである。低いもので90㎝高いもので９ｍの計85本のポールが設置されている。ポールの台座には、津波高、海岸からの距離、津波の来襲時間などが刻まれている。

アチェの津波と復興について伝えるシンボルとして建設されたのがアチェ津波ミュージアムであ

る。ミュージアムは復旧復興庁により建てられたが、建設費が高額（56百万米ドル）だったことから反対意見も多く、ミュージアムの開設は一旦ストップした。

２０１０年3月20日～21日に神戸で開催された「世界災害語り継ぎネットワーク」によるフォーラムには、アチェ州観光局のラマダニ氏が参加した。このフォーラムは、人と防災未来センターが事務局となり、世界の災害を語り継ぐ役割をもつ機関とのネットワークを構築する目的で、神戸で２００４年から開催されている。ラマダニ氏は、津波ミュージアムは建設されたものの運営体制が整わず開館が難しい状況を訴えた。参加者からは、開館に向けた職員の配置や展示資料の整備等のアドバイスが提供された。ラマダニ氏の尽力もあり、ミュージアムは２０１０年5月に開館した（図３－11）。現在ではアチェの津波防災教育の拠点となっている。

図３－11　アチェ津波ミュージアム

ミュージアム館内には、インド洋津波の様子を再現したジオラマ、被災したバイク・時計などの資料が保存・展示されており、自らも被災した解説員が語り部として展示解説を行っている。館内には祈りのスペースも設けられており、屋上は災害時の避難所になっている。２０２１年には展示をリニューアルし、現在はアチェと政府の和平合意に関する展示も設けられている。入館者数は年間約70万人に上り、人と防災未来センターの入館者（年間約50万人）を上回っており、関心の高さを示している。賛否両論あったものの、地域の被災経験の継承は、今では防災を強化する効果的な手段となっている。

## 2 シャクアラ大学による防災研究者の育成

阪神・淡路大震災同様に、アチェにおいても防災研究者の育成が行われるようになっている。その拠点となっているのが、国立シャクアラ大学である。震災当時、シャクアラ大学には地震・津波・防災等を研究する学部等はなかったものの、復興過程では、一部の工学部の教員を中心にインド洋津波災害の資料収集や調査研究が始められた。阪神・淡路大震災で被災した神戸大学は、シャクアラ大学の取り組みを積極的にサポートし、2008年には津波復興に関する国際研究会議「持続的な津波復興のためのアチェ国際ワークショップおよび展示（AIWEST-DR）」が開催された。東日本大震災後には東北大学の支援もあり、会議は現在も継続して開催されている。

2006年には津波により全壊したムラクサ病院（集団墓地）の隣にシャクアラ大学「津波および災害軽減センター（TDMRC）」が設立された（2022年にメインキャンパスに移設）。また、2011年には修士課程として「災害科学科」が開設された。大学院は兵庫県から提供された義援金により建設されたヒョウゴ・プリフェクチャー・ビルディングに設置されており、私の所属先でもある兵庫県立大学大学院減災復興政策研究科とも研究交流協定を締結している（図３－12）。シャクアラ大学の災害科学研究はインドネシアでも高く評価されており、２００９年パダン沖地震や、２０１８年スラウェシ地震においては同大学を中心に活発な調査研究が行われた。

図３－12　シャクアラ大学災害科学修士課程があるヒョウゴ・プリフェクチャー・ビルディング

### ３　生きることの大切さを伝え続ける

アチェでは、インド洋津波が起きた12月26日は、州の条例により祝日に定められ、アチェの人々はこの日はインド洋津波により犠牲になった人を悼むとともに、防災について学ぶことになっている。各地では、追悼式典が行われる。行政により行われる式典もあれば、地域により行われるものもある。多数の犠牲者が埋葬されている集団墓地では、大勢の人が集まり祈りを捧げる。大きな式典の一つが、州の観光局が主催する追悼式典であり、毎年場所を変えて実施されている。

２０１８年の追悼式典は被害が大きかったアチェ・ベサール県のプカン・バダ・モスクで行われ、式典会場には約１万人が集まった。式典では、インドネシアで有名なイマム（宣教師）アブドゥル・ソマドによる説教が行われた。その説教では、津波はインドネシアでは「スモン」という言葉で長年にわたり語り継がれてきた。被災経験は知恵であり、誰かとともにあること、誰でもいつかは亡くなることを伝える。その知恵を大切に生きることの重要性が強調された。

阪神・淡路大震災の追悼式典はこの30年という時間の経過とともに縮小し、兵庫県による追悼式典はその名称を震災10年を迎えた2005年に「ひょうご安全の日」に変えたのとは異なり、そのような変化とは無縁のように、アチェ追悼式典は今でも盛大に行われている。これには、アチェの人々独自の「災害観」が影響を及ぼしていると考えられる。

人々が災害に対してどのような意識を持っているのかを「災害観」という。社会学者の廣井脩《ひろいおさむ》（1946-2006）は、日本人の災害観として、災害は自然現象であり、科学技術によりこれを克服できるという「科学的災害観」に加え、古来の災害観として「天譴論《てんけん》」「運命論」「精神論」を挙げている（廣井、1986）。これらの災害観の概要は、以下の通りである。

・天譴論……天が人間を罰するために災害を起こすという思想。
・運命論……自然のもたらす災害やそこにおける人間の生死を避けられない運命と考え甘受する思想。
・精神論……人間の精神や心構えを強調する思想。

災害観は地域により異なり、それは災害時の人々の行動にも影響を及ぼす。アチェの人々がどのような災害観を持っているのか、被災した87人を対象に２００７年に調査を行ったところ、「津波は、神の試練である」という回答が多くみられ、天譴論が色濃かった。試練には、「神の懲らしめ」という考えがあった。懲らしめには、日常生活に関するものもあれば、なかには「アチェは、長年に渡り紛争状態であった。ジャワから多くの軍人がアチェに来て、子供の目の前で親を殺したり、連行したりという戦争状況が続いていた。そのため神が試練を与えたのだ」、と紛争と重ねていた人もいた。

災害を「神の懲らしめ」と捉える災害観はイスラムの宗教観とも通じる。アチェでは、イスラムの教えに基づき、災害やその前にあった紛争を神の試練として受けとめると同時に、「残されたものは与えられた命に感謝して、人生を生きていかねばならない」と語る人が多い。災害を越えて生きることを大切に捉える、そのようなアチェ独自の災害観により、震災から20年が経過してもなお被災経験は多くの人によって語り継がれている。

## 8　災害時に国際支援をどのように受け入れるのか

これまでみてきたアチェの事例を踏まえて、最後に国際支援をどのように受け入れ、災害復興に活用するのが望ましいのかを考えてみよう。

第一に、大震災に対応するには、国の役割が重要なことがトルコとアチェの事例で顕著だった。アチェでは、インド洋津波発生時には、大地震や大津波を想定した備えをしておらず、そのことが災害対応や復興を難しくした。当時のインドネシアの災害対応体制は、「Ⅲ型・地方分権／分離」であったものの、地域の行政が甚大な被害を受けたことから機能しなかった。インドネシア政府は、2007年には災害対応や復興を統括する常設機関として国家防災庁を設置し、現在では国レベルから被災県レベルまで国が主体的に対応する「Ⅰ型・中央集権／融合」型であり、平常時から災害対応に取り組む確立型の組織マネジメント体制となっている。Ⅲ型・地方分権／分離体制では大震災には対応できないため、国との連携は不可欠である。国際支援については、官民の支援を受け入れることが法律に定められ、国家防災庁が中心となり各省と調整する。これに対し、日本は国の災害対策本部に国際支援受入班が設置されることになってはいるが、各自治体と国際支援受入班の連携をどうするのかは検討されていない。

第二に、国際支援を活用した災害対応を行うには、国連を中心とした国際社会と連携する仕組みが求められる点である。この点は国連も支援システムの大改革を行い、クラスター制度という機能別の支援調整仕組みを構築し運用している。このようなアメリカやトルコ、そして国連の動きから、機能別に支援を調整することは今や世界の災害対応の主流となっている。日本においても、このような機能別の体制を構築しないと国際支援との調整が難しくなる。また、アチェでは、国連との連携体制を構築したことにより、国際支援の情報が統合されるようになった。そして、復旧復興庁という暫定的な体制を構築して復興事業が進められた。アチェが長年にわたって国と敵対関係にあった根底には、腐敗した官僚構造という問題もあった。既存の官僚機構に束縛されない第三機関が、被災現場において中立的な立場から、透明性を確保しつつ復興事業を展開したことは、紛争の原因でもあった社会構造の変革を促し、平和構築を後押しすることにつながった。日本においても、東日本大震災後に「復興庁」が設立されて災害復興事業が行われているものの、意思決定は本庁で行われており、被災地では意思決定を行うことが難しいのとは対照的である。

第三に、復興過程において、災害リスクの軽減は検討されたものの、それ以上にそこに住む人の暮らしの再建が優先された点である。そのような事例の一つが、沿岸部の住宅再建であろう。より安全な場所に丈夫な家を建てることを重視するのであれば、郊外のリロケーションの方が有効である。とはいえ、より安全な場所に災害に強い住まいを建てたとしても、そこで人々の暮らしが成り立たなければ意味がない。このジレンマは、東日本大震災でも問題となった。日本では千年に一度の津波被害を防ぐための高台造成や防潮堤の建設等のハードウェアの整備に大規模な予算が投入されたにもかかわらず、その間に過疎が進んだのとは対照的である。ただし、アチェの場合、災害時に沿岸部に住む人々の安全をいかに素早く確立するかが、重大な課題として残っている。

最後に、災害に関わる専門家の育成である。被災経験を忘れずに語り継ぐこと、災害の研究を進めることは、災害から時間が経過してもなお活発に行われており、これらの取り組みを通して世界に津波防災の重要性を伝えている。歴史を振り返るとアチェには、海外との交易を通して発展してきた歴史がある。それと、インド洋津波の経験を通して、減災復興の観点から世界とつながろうとする現在のアチェには通じるものがある。長年にわたりアチェでの調査研究に取り組んできた政治学者の西芳美《にしよしみ》はインド洋津波災害を経て防災や復興を新たな科学的知見として世界に発信しようとする動きについて、地域社会の新たな将来像が、地域の人と外部者との共同作業を通してつくられると述べている（西、２０１２）。現在のアチェは、津波災害とその後の復興の経験を地域独自の文化に照らして再価値化して世界に発信することに責任を感じている。そして、そのことがヒューマンウェアを核としたアチェ独自の新たな災害文化を生み出し、その知恵は世界の防災の一助となっている。

注

1　ＧＡＭとインドネシア政府との紛争についてはTapol（2001）が、インド洋津波災によるＧＡＭの活動の変化については西（２０１２）が詳しい。

2　Tsunami Special Envoy Bill Clinton tells ECOSOC most challenging days lay ahead in recovery, disaster prevention, applying lessons learnt, United Nations Press Release, Economic and Social Council (14/07/2005) Press Release ECOSOC/6166.　https://press.un.org/en/2005/ecosoc6166.doc.htm（２０２４年８月23日参照）

3　Kuntoro Mangkusubroto: I threw out the Aceh Master Plan, TEMPO, October 19, 2018. https://en.tempo.co/read/630979/kuntoro-mangkusubroto-i-threw-out-the-aceh-master-plan（２０２４年３月３日参照）

# 第4章　防災対策の限界をどう乗り越えるか
## ——東日本大震災（2011年）が伝える津波災害と避難の課題

### 1　防災対策の限界

ここまでみてきたように、日本では阪神・淡路大震災をきっかけに、減災復興の取り組みが進められてきた。その知見はトルコのマルマラ地震やインド洋津波災害等の世界の被災地の復興や専門人材の育成にも活かされた。阪神・淡路大震災から10年目の2005年1月18日から22日にかけて、兵庫県で第2回国連世界防災会議が開催された。インド洋津波災害から1ヶ月後に開催されたこの会議には世界の注目が集まり、168カ国の政府代表と78の国際機関が参加した。会議では災害に強いコミュニティや国を実現するための世界共通の目標として「兵庫行動枠組2005—2015」（UNISDR, 2005）が採択された。

そのように世界の防災をリードしてきた日本であったはずなのに、被害を防げなかったのが20

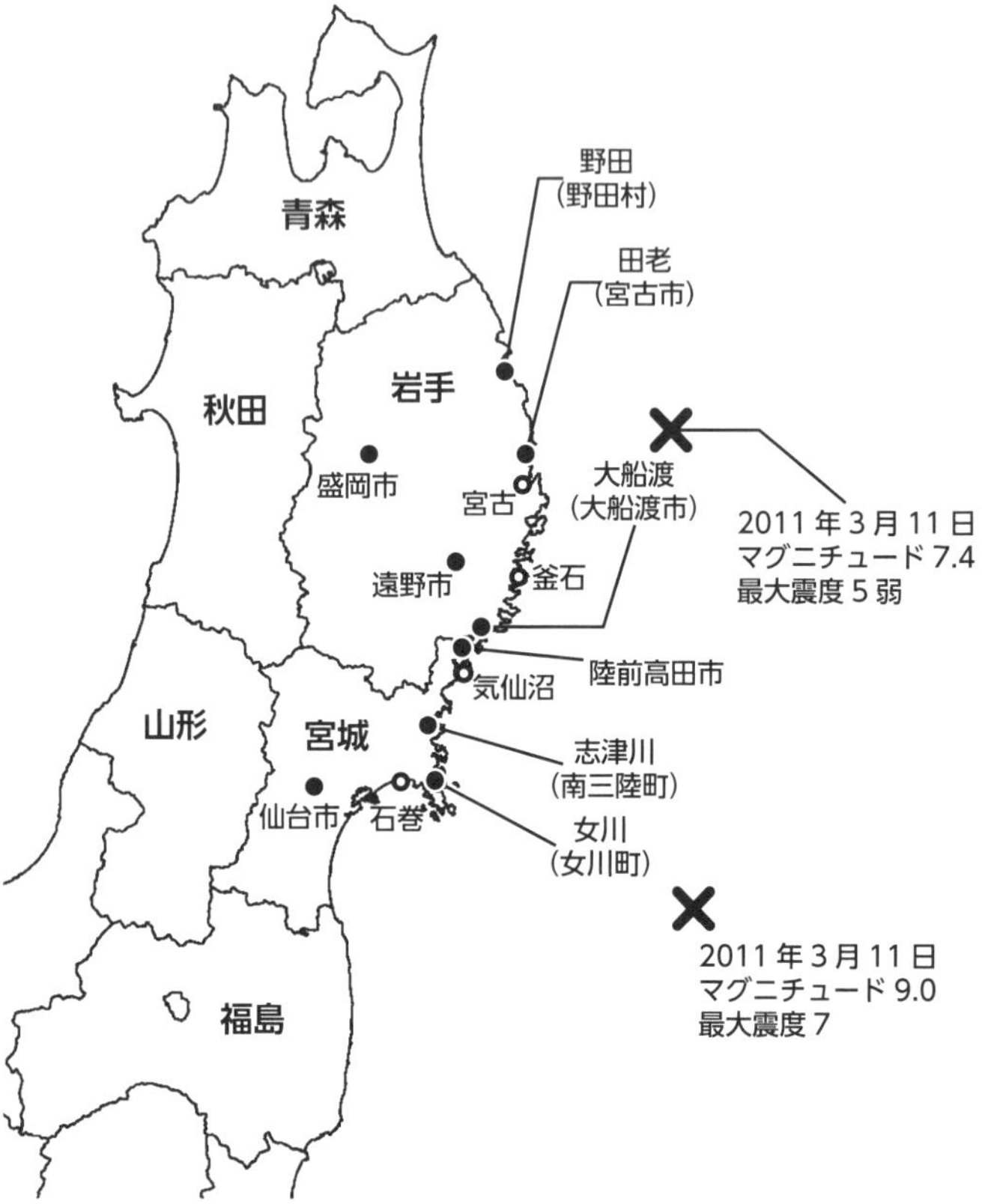


図 4－1　東日本大震災の地図

11年3月11日の東日本大震災であった。東北地方太平洋沖で発生したマグニチュード9・0の巨大地震による大津波は、関東、東北そして北海道にわたる太平洋沿岸の広範な地域に甚大な被害をもたらした。地震・津波による死者・行方不明者の総数は2万2325人に上った。[1] 犠牲者のうち9割は津波による溺死であり、未だ行方不明の人々が大勢いる。津波災害の恐ろしさを日本のみならず世界が再認識した。

被害が大きかった東北地方の太平洋沿岸地域では、前章で取り上げたインド洋津波災害の被災地とは異なり、事前にさまざまな津波対策が行われていた。ハードウェアについては、海岸沿いに津波・高潮に備えて堤防が建設されていた。岩手県宮古市田老町《たろうちょう》の津波堤防は、1933年の昭和三陸地震津波後に地域住民によって建設が始められた高さ10m、長さ2433mの巨大な堤防だった。岩手県釜石市ではギネスブックにも記載されたほどの世界最大水深（63m）の湾口防波堤が2009年3月に完成したところだった。

ソフトウェアについては、過去の被災経験から得られた「教訓」を継承したり、地震津波の予測情報を伝えたりすることで、住民の意識啓発をする取り組みが行われていた。この地域は、明治三陸地震津波（1896年）、昭和三陸地震津波（1933年）、チリ地震津波（1960年）と繰り返し津波に襲われてきた歴史がある。明治三陸地震津波や昭和三陸地震津波の後には、被災経験の教訓を刻む碑が複数建てられ、岩手県釜石市の小中学校ではそれらの教訓を活かした独自の津波防災教育プログラムを実践していた。文部科学省の地震調査推進本部は、2010年に宮城県沖を震源とする地震が30年以内に99％の確率で発生するとの見解を公表した。だから、東日本大震災発生時は、津波に対する住民の危機感は非常に高く、全ての市町村は津波ハザードマップを整備しており、避難訓練も実施されていた。

東北地方太平洋沖地震発生後の行政による情報発信と住民の避難対応は迅速であった。気象庁は最初の地震波を探知してから8・6秒後には緊急地震速報を伝え、地震から3分後には「大津波警報」を発表した。沿岸部の市町村は地震発生と同時に災害対策本部を設置し、3分後には沿岸部にいた人々に津波からの「避難指示」を発令した。避難指示は、防災行政無線、屋外スピーカー、テレビ、ラジオ等で即時に伝えられた。市町村職員は津波に備え直ちに高台に駆けつけ避難所を開設、住民の避難を誘導し、消防団は水門を閉鎖した。

支援の動きも迅速だった。人命救助に携わる自衛隊・警察・消防・医療専門チームは迅速に派遣、救援に当たる体制を整えた。

このように入念な防災対策が実施されていたにもかかわらず、なぜ2万人以上もの人が犠牲になったのであろうか。その要因の一つが、想定を超えるレベルの津波が起こったという点である。津波は海岸堤防を破壊し、ハザードマップで浸水すると想定されたエリアをはるかに超えた内陸まで遡上し甚大な被害をもたらした。阪神・淡路大震災が起こるまで「大地震は起こらない」という思い込みがあったのと同様に、東日本大震災でも「想定を超える大津波」への対策は十分ではなく、被害を防ぐことができなかった。

東日本大震災による犠牲者のうち、９割の人が津波によって命を失ったことから分かるのは、地震発生直後の喫緊した状況では、一人一人がいかに即座に判断し、安全な場所へと避難するかが命を守るために重要な点である。前述の通りハードウェア／ソフトウェア／ヒューマンウェアの取り組みは行われていたものの、人が主体的に避難するためのアプローチは十分ではなかった。想定を超える災害が発生した場合、私たちにできることは、自分の身を守るための最善の行動をとることしかない。災害による危機が目の前に迫る状況では、誰かの支援を当てにすることは難しく、自分で自分の身を守る、もしくは周りにいる人と助け合って命を守ることが精一杯である。また、人の行動は、その人の知識だけでなく、その時どきの心情や環境にも影響される。したがって、災害に直面した人の考え方や行動原理を知らなければ、本当に有効な支援を提供することはできない。

そこで、本章では東日本大震災の災害対応に実際に携わった地方自治体の職員や避難を迫られた人がどのように状況を判断して対応したのかに詳しく追ってみたいと思う。最前線の支援の様子を把握した上で、どのような災害体制が有効であるかを考えたい。

## ２　災害発生直後は目の前の課題に対処することで精一杯

私は東北地方太平洋沖地震が起きたとき、第1章で紹介した「人と防災未来センター」の研究員として他の研究員とともに、兵庫県知事公館で「東南海・南海地震対策」シンポジウムを開催していた。それまで日本の地震津波対策は「東海地震」「東南海地震」「南海地震」等の個別の震源域で発生する地震津波への対策が中心であったが、このシンポジウムでは、インド洋津波のように、複数の震源域が連動して起きる広域かつ大規模な地震津波にどのように対応すべきかを考えるというものだった。この新たな試みのためにシンポジウムへの関心は高く、会場には２００人近い参加者がおり、自治体の防災担当職員が多数を占めた。

その最中に、東北地方太平洋沖地震が起こった。そして大津波警報が発表され、私達はシンポジウムを即座に中止し、人と防災未来センターに集まり、24時間体制で被災地の情報を収集した。被災した宮城県は、人と防災未来センターと前年の２０１０年10月に市町村首長向けの防災セミナーを共催していた。そのような経緯もあり、地震発生から３日後の３月14日には先遣隊として３人の研究員が宮城県庁に派遣された。

私は、３月30日に宮城県庁に向かった。被災地は津波により甚大な被害を受けており、被災者支援や地域の再建には時間を要したために、６月末まではほぼ1週間おきに宮城県と兵庫県を往復して災害対応にかかわることになった。その内容は、現在起きている問題や、将来起こり得る問題への解決策の提言が主であった。この一連の作業は緊張の連続だった。地震津波により沿岸部への通信手段・交通網は寸断されており、被災した市町村の状況を把握することは、宮城県災害対策本部においても難しかった。自衛隊・消防・警察・海上保安庁等が人命救助に尽力するなかで、犠牲者の数は日に日に増えていった。沿岸部の避難所には膨大な数の人々が避難していることはわかっていたものの、その一方で道路が津波により破壊され通行できず、燃料も不足しており、支援物資は思うように搬送できなかった。被災した市町村のなかには庁舎を失ったり、職員が亡くなったりしているところもあり、職員たちは自らも被災した状況で対応に追われていた。

これ以上、被害を拡大させないためにはどうすればよいのか、生活再建を一刻も早く実現するにはどのような対応をすればよいのか。私達は宮城県の職員や支援者たちと一緒になって、阪神・淡路大震災以降に培われてきた災害対応の経験を総動員して、どのような課題を優先して対処すべきなのかを考えた。現実には、事前に検討していなかった課題が相次いで生じ、目の前の課題に対処することで精一杯であった。次々に入ってくる被害の情報をみながら、これから先にどのような問題が起こり得るのかを予測して、最善の政策を決断する「状況判断」が重要であることを強く認識した。

## 3　組織間連携のための「状況判断」が命を救った

逼迫した被災状況のなかでどのように対応すべきか。ここでは、東日本大震災発生時、岩手県災害対策本部長（県知事）の参謀として、県全体の災害対応を統括・指揮した危機管理監の越野《こしの》修三《しゅうぞう》氏がどのように状況判断をしたのかをみてみよう。

東日本大震災では岩手県は、広範な地域が被害を受けた。膨大な被害実態を把握するには時間が必要であり、提供できる物的・人的資源も限られた。そのような状況で支援活動するには、次の3点が重要だったと越野は指摘している（越野、2020）。

①平常時からの組織間の連携体制の構築。
②連携を想定した訓練の実施。
③「状況判断」の訓練。

越野は阪神・淡路大震災時には自衛隊の作戦部長として被災地の支援にあたった。東日本大震災の5年前に岩手県に転職し、危機管理監として県と自衛隊や消防、医療専門チームとの連携体制の構築に取り組んでいた。東日本大震災では地震発生直後から、岩手県内の市町村の情報を収集しようと試みたものの、通信はつながらず、事前に行っていた訓練に比べ得られた情報は少なかった。そのようななかで何を優先するのかを決断しなければならなかった。決断が遅くなればなるほど事態は悪化する。だが、情報が限られるなかで決断するには勇気が必要である。

その決断を後押ししたのは、自衛隊・警察・消防・医療専門チームが出動準備を整えたという情報が入ったことであった。本書で紹介してきた事例を振り返ると、阪神・淡路大震災では、自衛隊と県が連携するための訓練をしていなかったために派遣が遅れた（第1章第4節）。また、消防についても、応援部隊とのコミュニケーションの仕組みや、活動実施方法、機材の互換性等が事前に検討されておらず活動調整が難しかった。

災害時には、被害発生直後に生存者を救出できなければ生存率が下がる。阪神・淡路大震災をきっかけに使われるようになった「黄金の72時間」という言葉は、読者の皆さんも耳にしたことがあると思う。これは、震災の当日に倒壊した家屋のなかから救出された人の生存率は75％であったのに対し、時間の経過とともに生存率は下がり、震災から４日目には約５％を下回ったことから言われるようになった（内閣府、１９９９）。地震発生から生存率が下がる72時間、３日以内に人命を救出しなければならない。だが、地震が起きた直後は地域の消防・警察・医療等も被害を受けるので対応には限界がある。

そこで、本書の第1章第7節で触れたように地震発生直後から被災地に駆けつけることができる機動性と能力を持つ支援の専門チームの設立と人材育成が震災後に始まった。警察庁は１９９５年に「広域緊急援助隊」を、消防庁は２００４年に「緊急消防援助隊」を、厚生労働省は２００５年に「災害派遣医療チーム（ＤＭＡＴ）」を整備し、災害時に迅速に支援できるよう、機材の標準化、関係者との連絡調整を含む人材育成の取り組みを進めていた。越野が述べるように、組織間の連携体制の構築（①）と連携を想定した訓練の実施（②）が行われていた。

この連携体制は、「災害時の組織マネジメント」（本書38－39頁）モデルでは、「拡大型」にあたる。これは、平常時から人命救助を専門としている人々が、災害時に組織機能を拡大してより多くの人命救助にあたる体制を指す。この拡大型の組織化により、東日本大震災では、迅速に多くの命が救われた。地震発生当日に、三陸沿岸で津波が発生した時の集合拠点と決められていた岩手県遠野市に全国から支援部隊が集まり、翌12日から救助活動を行った。これは、岩手県が遠野市を拠点に三陸沿岸部を支援することを想定した訓練を２００７年から実施していた成果でもあった。

このように複数の組織が連携して支援する準備は迅速に整えられたが、それを統括し、どの地域を優先して救助活動を行うのかの判断は、地方自治体である県に委ねられた。前述の通り、岩手県災害対策本部には通信の寸断により、被災した市町村の情報が入ってこなかった。そこで、越野は、他県からの支援による防災ヘリコプター８機と自衛隊のヘリコプター15機を活用して、12日の夜明けとともに情報把握を優先して行うという決断を下した。それにより、集落の孤立状況や、火災の発生状況、救助要請の情報が災害対策本部に入るようになり、特に被害の大きい地域を優先し、支援部隊と連携して迅速な救助活動につなげることができた。

このように、地震発生直後から人命救助の専門チームや他の組織が連携して円滑に救援することができたのは、阪神・淡路大震災での「失敗」の経験が活かされたことによる。この見事な組織間連携プレーのおかげで、多くの人を救うための適確な状況判断がなされ、東日本大震災では自衛隊により1万９２８６人の命が、消防により５０６４人の命が救助された。実に2万４３５０人の命が救われたのである。

# ４　人々はどんな情報をもとに、どこへ避難したか

## １　避難のきっかけと情報・知識・訓練

ここまで述べたように、東日本大震災では、阪神・淡路大震災の教訓から構築された人命救助の専門チームの連携により多くの命が救われたが、犠牲も大きかった。目の前に津波が迫るような状況で行政ができるのは、津波の予測情報や避難のための情報を提供し、避難先を確保することだけである。想定を超える津波が押し寄せた時に、命を守るうえで重要なのは、既に記した通り、それぞれの人が即座に安全な場所に避難することである。

東日本大震災では、地震が起きてから津波が来るまでの時間は短く、早いところで16分後には潮位変化（引き潮）がみられ、33分後に岩手県大船渡市に８ｍ以上の津波が到達した。この短時間の間に行政は津波の予測情報を伝え、住民はその情報に基づき素早く行動しなくてはならない。だが、災害とは異常事態であり、パニックに陥り、適切な行動をとれないことも多い。命を守るには、個々人の状況判断が重要になる。そのため、実際に津波から避難した人々の当時の行動を紹介したい。

私は４月１日に気仙沼市に行き、避難所等で生活する被災者の状況を把握し、それを支援につなげるための活動をしていた。被害を受けた東北沿岸は、山地に湾が入り込むリアス海岸沿いにまちがあり、それらのまちが津波により被害を受けた。坂の上から眺めると、どこまでも津波によって

図４－２　津波と火災により被害を受けた気仙沼市の中心部（著者撮影）

破壊されたまちの景色が広がる光景は衝撃的だった。気仙沼では、津波により港湾から打ち上げられた漁船や大型船が、まちのなかで横倒しになっていた。さらに、まちの中心部は地震後に発生した火災で燃えてしまい、そこには焼け跡が広がっていた（図４－２）。夕暮れのまちを前に呆然としていると、年輩の女性が話しかけてきた。私が立っていた場所のすぐ前、今は何も残っていないところに彼女の家はあり、地震の後は周りの人に言われて目の前のビルの３階に逃げたという。その女性は次のような話をしてくれた。

女性の家族は、もともとは気仙沼ではなく岩手県野田村に住んでいた。１９３３年の昭和三陸津波により、祖母以外の家族全員を失った。その後、祖母は従兄弟と再婚して子供が産まれた。それがこの女性の母親だった。津波の話は、母親から伝え聞いていたが、その話と今回の地震は重ならなかった。地震ですごく揺れた。揺れがおさまった後は家が倒れずに大丈夫だったのでよかった、とホッとしていた。すると近所の人から、津波がくるから逃げるようにと言われ、念のためにと目の前のビルの３階に上がった。すると津波が押し寄せてきた。夜になってもずっと波は押し寄せては引いてを繰り返していた。そのうち海の上で火事が起きて、その火が波と一緒に押し寄せてきて、真っ暗ななかで赤く燃えていて、自分のいるところにも燃え移るのではないかと本当に怖かった。

この話は、私の印象に強く残った。地域の人々は過去に襲った津波のことを知っていた。けれども、地震があったときに即座に避難したわけではない。地震や津波について「知っている」けれども「逃げない」ということは、知識と行動との間にギャップがあることを示している。それでは、何が人の行動の決め手となるのであろうか。

地震や津波が起きた時に人々がどのように行動していたのかを詳細にみてみよう。東日本大震災の犠牲者の死因の多くは溺死であり、溺死者は91％にのぼる。県別に見ても死因の圧倒的多数は溺死である。福島県も圧死・損壊死・その他が、岩手県・宮城県よりやや高く10％となっているものの、溺死が多い（図４－３）。したがって、地震後に迅速に立ち退き避難をしようと判断できたのか、が生死を分けたと言える。

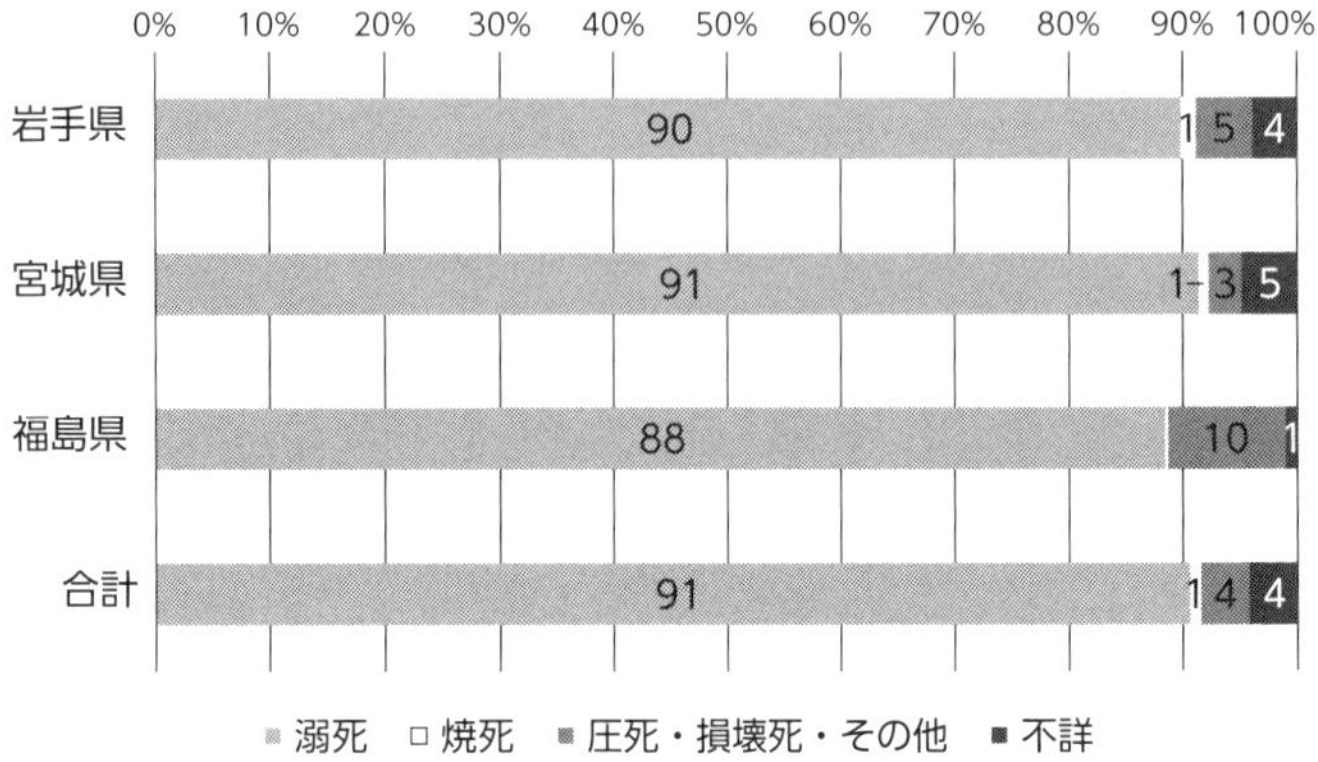


図4－3　東日本大震災における死者の死因等について
（出典：警察庁（2012）「特―4　東日本大震災による死者の死因等について（平成24年3月11日時点）」[2] より作成）

東日本大震災後に、国は防災対策や地域の人々の避難行動に関する詳細な調査を行なった。調査は岩手県・宮城県・福島県内の沿岸地域で避難生活をしている被災者に対して面接形式で行なわれ、回答者は870人（岩手県：391人、宮城県：385人、福島県：94人）であった（中央防災会議「東北地方太平洋沖地震を教訓とした地震・津波対策に関する専門調査会」第7回参考資料、2011）。

調査結果によると、地震の揺れがおさまった直後に「避難した」という人は最も多く57％にのぼり、次いで「避難の準備をした」人は27％、「家族や知人の安全を確認した」人は26％であった（図4－4）。「避難した」「避難の準備をした」という人がなぜそう考えたのか、その回答を詳細に見ると、地震後に「津波が必ず来ると思った」は27％、「津波が来るだろうと思った」は18％、「津波が来ないだろうと思った」は42％だった（図4－5）。実に半数近く

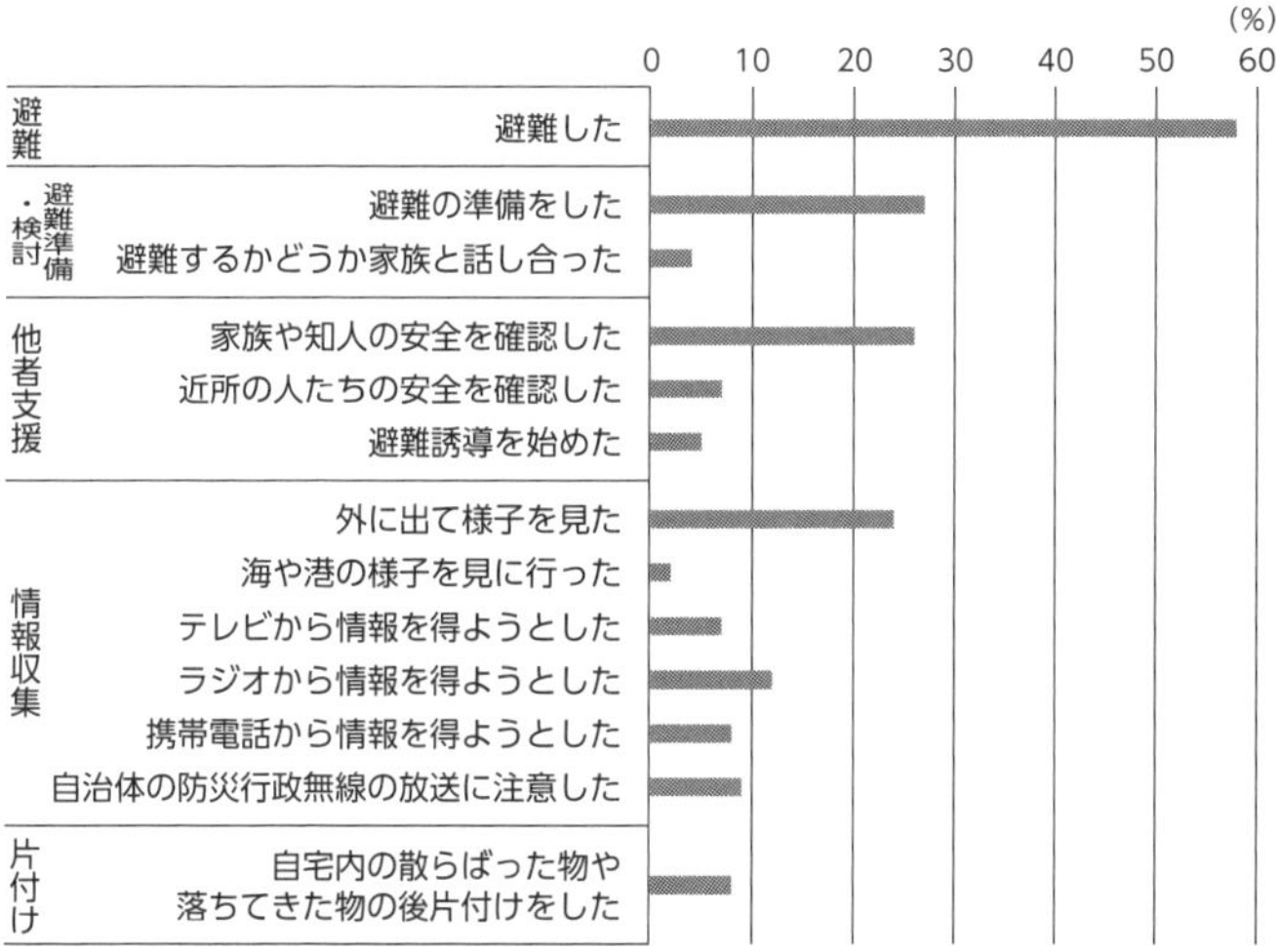


図４－４　地震の揺れがおさまった後の行動
（出典：中央防災会議「東北地方太平洋沖地震を教訓とした地震・津波対策に関する専門調査会」（2011）[3] 資料より作成）

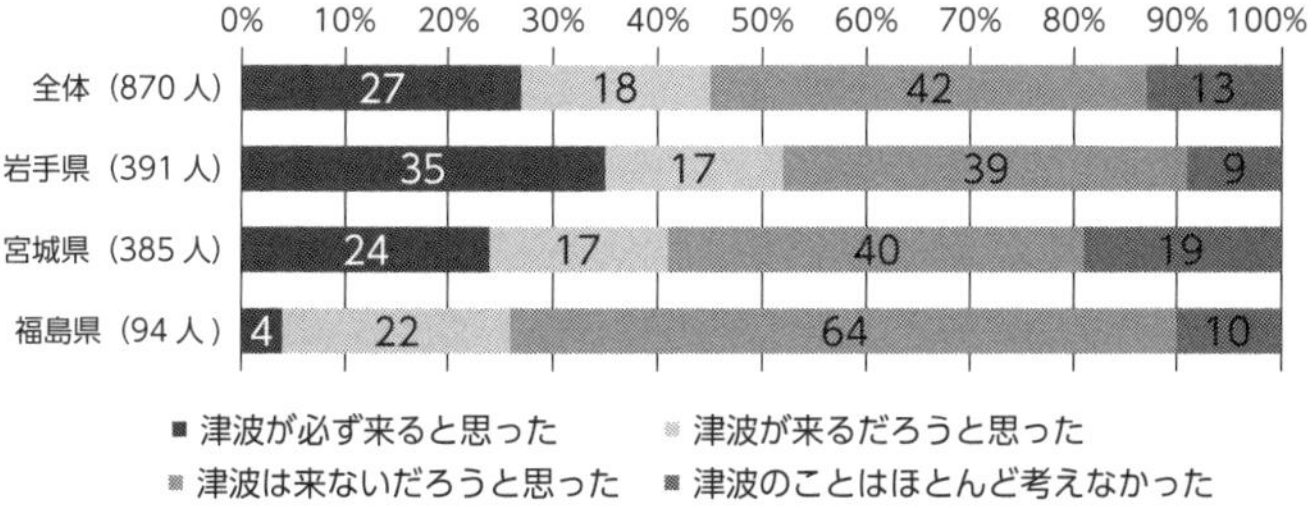


図４－５　地震後の津波に対する意識
（出典：中央防災会議「東北地方太平洋沖地震を教訓とした地震・津波対策に関する専門調査会」（2011）[3] 資料より作成）

は津波が来ないと予想していた。ただし回答結果には地域差があり、岩手県では「津波が来ると思った」は35％、「津波が来るだろうと思った」は17％と多く、「津波は来ないだろうと思った」は39％であり、津波が来ると予想した人が上回った。これに対して「津波は来ないだろうと思った」は宮城県は40％、福島県は64％と最も多かった。

「津波が来ると思った」人のうち、その理由として「地震の揺れが大きかったから」を挙げた人は81％だった。県別に見ると、岩手県で87％、宮城県で82％と、大きな揺れから津波が来ると多くの人は考えていた。

このように、大きな揺れの地震の後には津波が来ることや、津波が来るときは避難しなければならないことを多数の人が認識していた点では、前章で述べたインド洋津波とは異なる。インド洋津波災害で被災した人の多くは、地震後に津波が起こることを知らず、どのような行動を取ればよいのかわからず右往左往していたのとは対照的に、東日本大震災では多くの人が、津波という現象やとるべき行動を知っていた。

ただし、先ほど記した通り、回答には地域差があり、岩手県の意識は高く、福島県の意識は低かった。なぜ、岩手県では地震後に津波が来るので避難しなければならない、と考えた人が多かったのだろうか。その理由の一つが、過去の地震・津波による被災経験がよく伝えられていた点である。「過去の地震津波による教訓や知恵を聞いたことがあるか」という質問に対して、「ある」という回答は全体で67％であり、なかでも岩手県は78％と高かった（図4－6）。

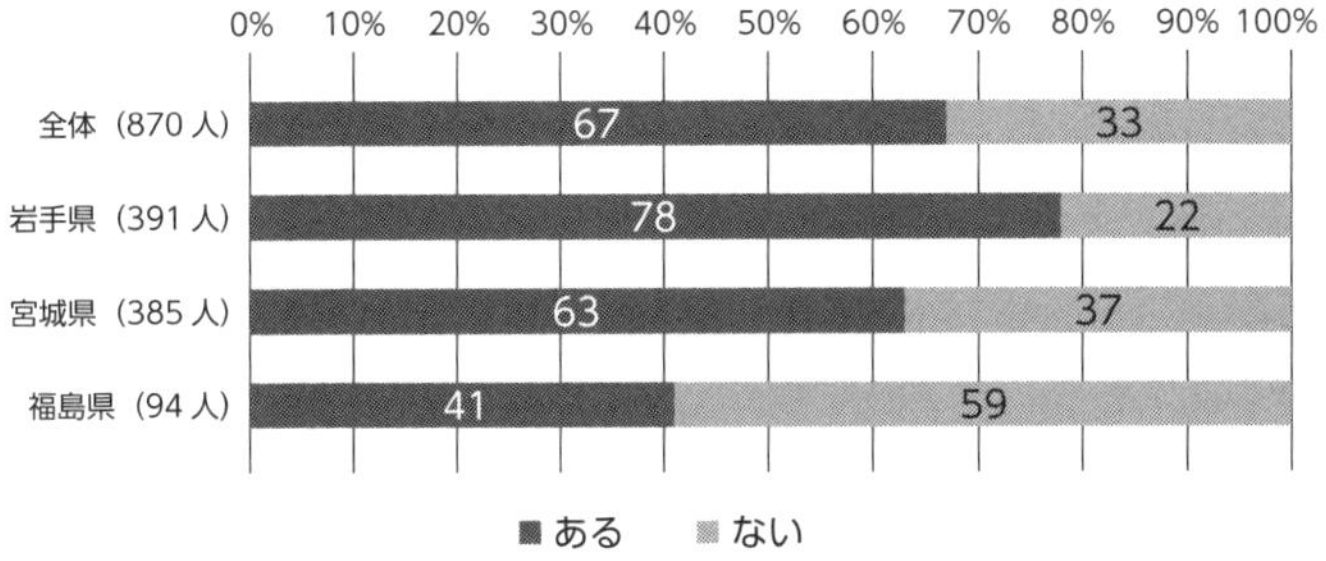


図４－６　過去の地震・津波についての教訓や知恵を聞いたことがありますか（出典：中央防災会議「東北地方太平洋沖地震を教訓とした地震・津波対策に関する専門調査会」（2011）[3] 資料より作成）

さらに、住んでいた地区で津波防災に取り組んでいたかという質問については、「自治会や地区で避難訓練を行なっていた」という回答は、岩手県が最も高く82％に上った。津波の避難訓練の参加状況をみても、岩手県では「ほとんど参加していた」が40％、「参加したことがある」は29％と70％近い人々が参加した経験があった。

これらの結果からは、人々が当日発信された市町村による避難情報に基づいて避難したというよりは（そのような人もいただろうが）、強い揺れを感知したらすぐに、過去に起きた津波の知識や訓練内容を想起して、避難していたことがうかがえる。

## ２　高台移転した集落では被害が少なかった

次に、被害が大きかった岩手県陸前高田市広田町の人々の避難行動を詳細にみてみよう。広田町は、広田湾・大野湾・太平洋に面した半島であり、明治三陸地震津波、昭和三陸地震津波、チリ地震津波により被害に見舞われてきた。

表４－１　広田町の被害状況

| | 全壊 | 半壊 | 被害なし | 総計 |
|---|---|---|---|---|
| 喜多 | 52 | 16 | 237 | 305 |
| 根岬 | 4 | | 259 | 263 |
| 袖野・小屋敷 | | 9 | 90 | 99 |
| 大久保・田谷 | 55 | 33 | 103 | 191 |
| 大野 | 41 | 8 | 33 | 82 |
| 大陽 | 13 | 2 | 146 | 161 |
| 中沢 | 61 | 26 | 288 | 375 |
| 長洞 | 54 | 3 | 85 | 142 |
| 泊 | 88 | 54 | 213 | 355 |
| 総計 | 368 | 151 | 1454 | 1973 |

（出典：陸前高田市広田町自主防災会（2013）[4] データより）

地震後に、今回の経験を検証し被災経験を継承するために、地域を支援していたＮＰＯと広田町の自主防災会とともに、住民の避難行動に関する調査を行なった。東日本大震災による広田町の地区別の被害状況を表４－１に示す。住宅の被害が大きかったのが、大野地区、次いで大久保・田谷地区であり、大野地区では回答者（82人）のうち約60％の住宅が、大久保・田谷地区では回答者（191人）のうち約46％の住宅が全壊・半壊する甚大な被害を受けた。

地区のなかには過去の災害からの復興過程において、高台に移転していたことにより被害を免れたところもあった。その一つが根岬《ねさき》の集《あつまり》地区である。集落では昭和三陸地震津波により15人が犠牲となり、その後全戸が高台に移転した。それにより、東日本大震災では津波の被害を受けることはなかった。民俗学者の山口《やまぐち》弥《や》一郎《いちろう》（1902－2000）は地域が過去の災害でどのように住宅移転を行ってきたのかを詳細に調査している。それによると泊《とまり》集落は、昭和三陸地震が起きた後に地域の有力者が土地を買い高台移転を試みたものの、３戸が移転したのみに留まった。六ヶ浦《むつがうら》集落は高台に移転するのではなく海岸に10ｍ近づき、その代わりに土地を７ｍ嵩上げした。明治三陸地震津波の経験に基づき、何らかの対応をしていたところは昭和三陸地震津波で被害を免れた。ただし、このような津波による集落の移転の歴史については、今回の津波を経験した自主防災会のメンバーのなかにも知らない人がいた。

過去の災害については、津波碑が大切なポイントを伝える役割を果たしていた。広田町には津波碑が８基ある。これらの碑は昭和三陸地震津波後に朝日新聞の義援金により建てられたものである。そのうち広田小学校のプール下の斜面に建てられた碑には、明治三陸地震津波・昭和三陸地震津波の被害概要と津波に対する教訓が刻まれている。それによると明治三陸地震津波では死者５５２人、流出家屋数１５７棟、昭和三陸地震津波では死者45人、流出家屋数１２５棟だった。碑文には教訓として以下の文章が刻まれている。

一　大地震の後には津浪が来るよ
一　地震があったら高所へ集まれ
一　津浪と聞いたら欲捨て逃げろ
一　低いところに住家を建てるな

地域の人はこの碑文を「津波避難・四原則」と呼んで語り継いできた。地域の歴史に詳しい広田町六ヶ浦公民館長の鈴木克次《すずきかつじ》氏によると、碑は明治三陸津波がここまできたことと同時に、ここまで避難すれば大丈夫という二つのことを伝えている。実際に、同地の住民の多くは、「津波と聞けば、条件反射的にここより高いところに逃げる習慣は身に付いていた」という。今回の津波では六ヶ浦地区は、住宅4戸が流失、全壊6戸、大規模半壊4戸という被害を受け、地震発生直後に20数人は地区の公民館に避難したものの、碑のおかげで一人の犠牲者も出なかった。

これらの証言から分かるのは、災害時の避難行動は、強い揺れを覚知したことと、地震後に津波が来るという知識が結びつくことにより動機づけられるということだ。「津波と聞けば、条件反射的にここより高いところに逃げる習慣」とはまさに、そこに住むことで身につけた知恵である。過去に津波被害のあった環境に住むか住まないかの判断は地域により異なっていた。もしそこに住むことを選択する場合は、災害リスクが伴うこととその対策を後世にも伝え続ける必要がある。これは第3章で述べたアチェの事例とも共通する。

## 5　なぜ避難しなかったのか

### 1　「経験の逆機能」

ここまで避難した人がどのような状況判断をしたのかを検討したが、次は逆に「なぜ避難しなかったのか」、避難を妨げた要因を考えてみる。

避難を妨げた第一の要因は、過去の被災経験がネガティブに作用した事例だ。今回の被災地は過去にも繰り返し地震や津波を経験しており、１９６０年のチリ地震津波を経験している人のなかには、以下のように当時の被害が今回ほど大きくなかったため、今回の津波を過小評価していた人もいた。

チリ地震も経験しているので、間違いなく津波は来ると思いました。チリ津波はじわじわと近づいてきたので、今回もそんな大きな被害にならないだろうと思っていました。

二日前も３ｍの津波が来ると警報されましたが、実際は70から80センチだったので、今回もそんなものだろうと思っていました。チリ地震の年も中学2年生だったので記憶にあるのですが、そのときも被害がなかったので、今回もとたかをくくっていました。

このように災害の経験が逆に避難行動を抑制することを、災害情報の研究者である中村功《なかむらいさお》は「経験の逆機能」と呼ぶ（中村、２０２１）。経験の逆機能とは、災害の実際の規模よりも個人が実際に被った被害や、その被害の大きさがその人の行動に影響を及ぼすことである。この事例でも、過去に起きたチリ津波の経験は、よく記憶されていることが伝わる。その一方で、当時の被害が限定的であったという状況が、今回の津波の被害予測にも影響を及ぼしていた。つまり、過去に繰り返し津波災害による被害を受けてきた地域であったとしても、直近の災害による被害が小さければ、それが避難行動にネガティブな影響を及ぼし得ることが分かる。個人の対策や判断には限界があり、地域が科学データに基づき防災に取り組む必要がある。

## 2　他者を支援しようとした

避難を妨げた第二の要因は、家族や知人等の他者を支援しようとしたものの、支援者の安全確保が十分ではなかった事例である。前掲した地震の揺れがおさまった後の避難行動の調査では、「家族や知人の安全を確認した」という回答が3番目に多く26%を占めた（137頁の図4－4）。また、「近所の人たちの安全を確認した」「避難誘導を始めた」というように、自分以外の人（他者）を避難させるために行動していた人もいた。このうち安否確認の対象としては「同居していた家族」という回答が最も多く69%であった。

地震が発生したのは14時46分のことであり、多くの人は仕事や学校のために自宅を離れていた。広田町で実施した地震発生時の居場所についての調査は、図4－7の結果となった。地震が起きたときに町内にいたのは、主として小中学校に通っている10代と60代以上の人であり、20代～50代の人の多くは町外にいた。

町外にいた人のなかには地震が起きた後に家族を心配して自宅に戻ろうとした人もいた。広田町に津波の第一波が押し寄せたのは、地震からほぼ40分後の15時24分頃のことであった。家族を避難

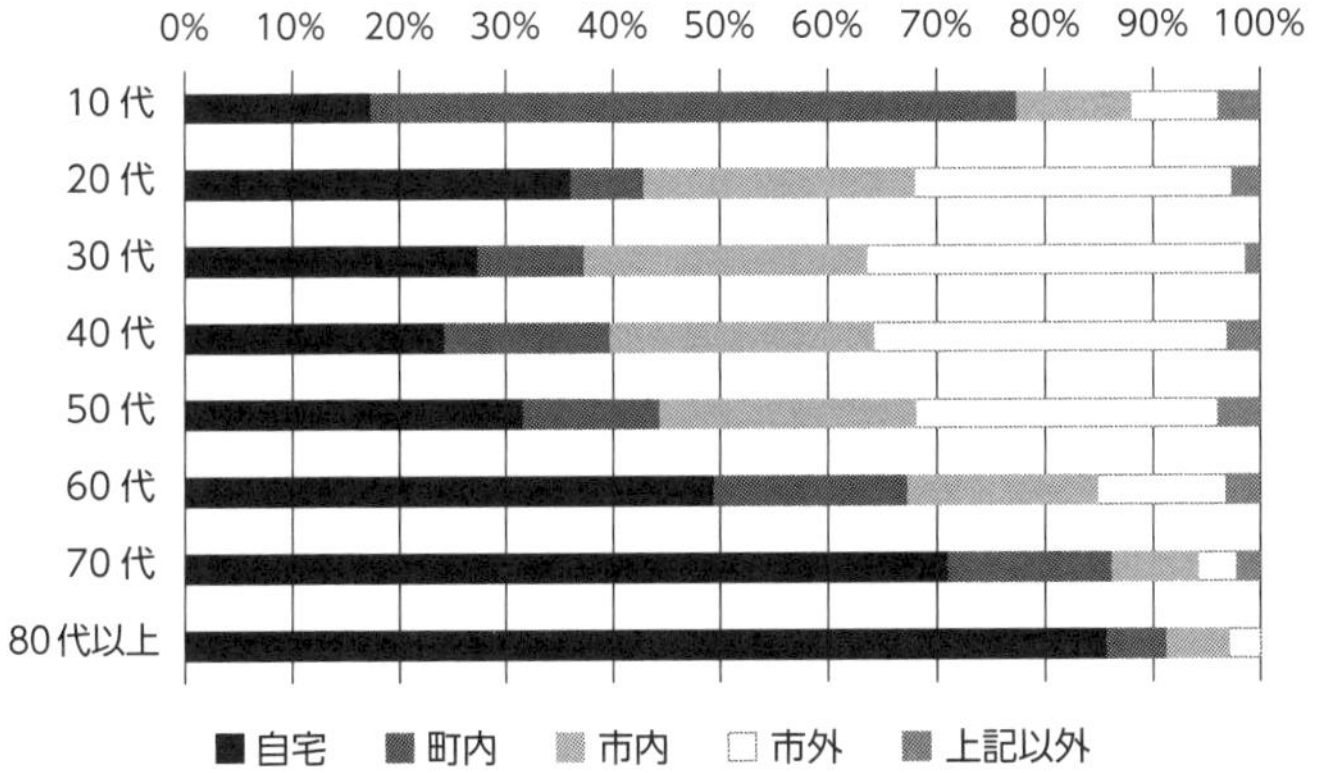


図４－７　地震発生時にいた場所（回答数2140件）
（出典：陸前高田市広田町自主防災会（2013）[4]より）

させようと町外から駆けつけ、その帰宅途中に津波にのまれたケースもあった。地震発生後の迅速な避難が求められる状況では、町外から救助に駆けつけることは、本人の命をも危機に晒すことになる。このような事態に陥らないように平常時から、家族と離れている時に地震・津波が起きた場合、それぞれがどのように行動すべきかや、どのように近隣住民と協力して助け合うかを決めておく必要がある。

　東日本大震災で犠牲になった人を年代別にみると高齢者の死亡率が高い（図４－８）。被災地はもともと高齢化が進んだ地域であり、前述のように家族が日中仕事等のために自宅外におり、高齢者のみが地域にいたケースも少なくなかった。高齢者は、俊敏に動く身体能力、的確な判断を行う認知能力、情報を得る能力、遠くに避難するための移動手段等に制限があることから、避難するには多様な支援が求められる「要配慮者」である。

先ほど紹介した広田町での調査でも、「寝たきりの家族をトラックに布団ごと二人でのせた」「自宅のそばにある坂を祖母の背中を押しながら登った」「年寄り（母）がいるので、徒歩では無理だと思い車での避難を選んだ」「やっぱり津波と聞いたらすぐ逃げるという事。でもこれはみんなに伝えてほしい。年寄りが言う事を聞かずいつもすぐ逃げないのです。こんな時に年寄りをおいて逃げられません。でも子ども達には待たないで逃げろと言おうと思います」等、高齢の家族を避難させるのに苦労したというコメントは複数あった。

これは、被災地に共通する課題だった。自力では避難するのが難しかった高齢者や障害者を助けようとして、ともに津波に巻き込まれ犠牲になった人は多数いた。また、消防団員や、地域の福祉ニーズのある人をサポートする民生委員等が多数犠牲になった。

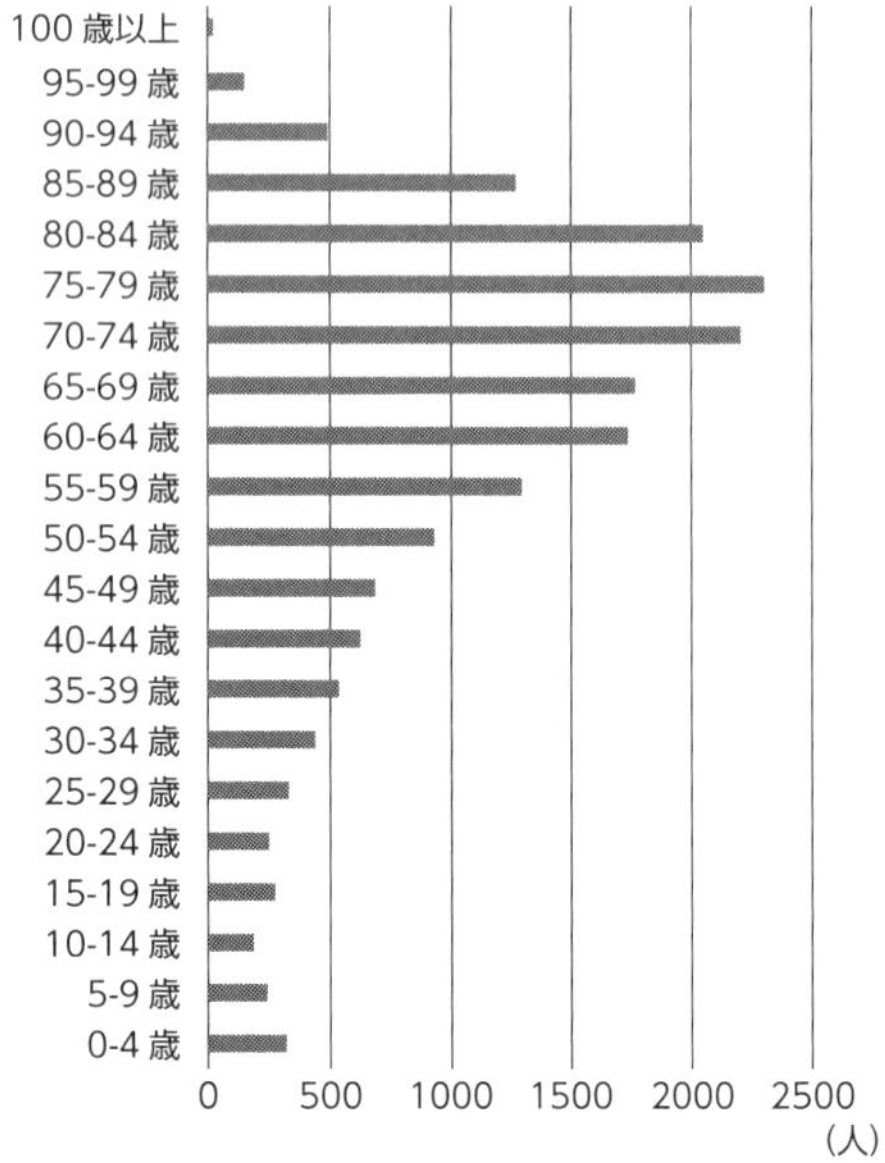


図４－８　死亡者の内訳（年齢別）
（出典：厚生労働省「人口動態統計から見た東日本大震災による死亡の状況について」(2012)[5] データより）

消防団の死亡・行方不明者は２５４人であり、そのうち１９７人は公務中の殉職であり、避難誘導中に犠牲になった人は59・９％に上った。津波発生時の消防団の行動をみると、津波が市街地に入らないように水門を閉鎖しに向かう、住民を避難誘導する、自宅に取り残されている住民を救助する等、多様な任務を担っていた。そして、そのために犠牲になるという重大な課題が浮き彫りになった。

また、地域のボランティアとして高齢者等を支援する民生委員も、高齢者や障害者を避難誘導する過程で56人が犠牲になった。地震発生から津波の到達までわずかな時間しかないという切迫した状況の中、地域の支援者は、自分の安全を確保しながら、どのように状況を判断すべきかが問われることになった。

これらの人は、地域で要配慮者を支援するという役割が期待されていたものの、これら「支援する側」の人々の命を守る方策は十分に検討されていなかった。この重大な課題の解決に向けて、東日本大震災後に消防団は「地震・津波災害時における消防団活動の安全マニュアル」を策定した。同マニュアルでは、特別警報（大津波警報）・津波警報・津波注意報等の発表時から避難誘導等の活動を行い、高台等への避難が完了するまでの安全に活動できる時間を設定して、その間に自分も退避を徹底することが強調された。民生委員については、災害時には自らの命を守ることが最優先であり、安全確保ができた場合にだけ、無理のない範囲で救助活動や誘導を行うという行動指針がたてられた。

以上に述べたように、東日本大震災では地域に残された家族の様子が気になり自宅に戻った人が犠牲になる、地域で高齢者・障害者を避難させようとした人が犠牲になるというように、他者を支援しようとして命を失う事例が複数みられた。このような問題は地域だけでは解決できない。行政が、地域や福祉サービスを提供する人とともに解決策を考えなければならない。

そこで、東日本大震災後、２０１３年に災害対策基本法の一部が改正され、災害時の要配慮者のうち、自ら避難することが困難であり、円滑な避難のために支援を必要とする人を「避難行動要支援者」と位置付け、避難のための支援や安否の確認のために名簿等を整備することが明記された（災害対策基本法第49の10）。とはいえ、過疎高齢化が進む地域においては、避難行動要支援者が多い一方で支援者が限られるという課題が残る。これは、その後発生した災害でも問題になったため、２０２1年から、都道府県や市町村は自力では避難が困難な避難行動要支援者に対して、誰が、どのように避難を支援するのかを記載した「個別避難計画」を、防災部局や保健福祉部局、地域、福祉専門職等の連携により作成することが努力義務化されている。だが、取り組みは始められたばかりであり、支援者不足という根本的な課題として残り続けている。

## 6　避難所での物資配布では誰が優先されるのか

このように要配慮者という視点から考察すると、大災害では全ての人を等しく支援することが難しいという状況がみえてくる。とはいえ、誰を優先して支援すべきかの決断に悩む支援者は多い。前述した避難時以外に、そのような状況判断を求められる現場の一つが、避難所である。最大時に1500人を受け入れた避難所の対応にあたった宮城県多賀城市の職員の体験を紹介したい。地震発生直後は避難者を誘導していた職員は、その後、避難所となった小学校で運営を担当することになった。当時の状況について、以下のように語った。

避難所に到着すると、まあ大変なものでした。パニックになっている人たちがいっぱいいる。精神的にまいってしまっている人もいる。それに追い打ちかけるように大きな余震もきていたので、不安感もあったのでしょう。避難してきた人の半数以上が、自宅が地震や津波で何かしらの被害にあった人で、家がどうなっているかという自分の地域の情報が知りたくてしょうがない、という状況でした。

あるだけの毛布やストーブを出し、「どうする」と考えるところから始めました。その時は、大勢の避難者に数日間対応できるだけの物は全くなかった。とりあえずあるだけの毛布を持ってきた。あとは学校中のストーブを出す、そのぐらいでした。津波にのまれた人が、ずぶぬれのままで来て、学校の教室のカーテンを破って取ってくるまっていたとか、そういったこともあった。子どもたちの荷物を使っていた人もいた。常識ではない動き。住民の人達も必死で避難していた、そんな感じでした。一部殺気立っているような感じがありました。

避難所には食糧はかんぱん等しかありませんでした。当時はこれほどの被害を想定していなかったので、なかったんですよ。避難者のなかには「食い物をよこすのにも並ばせる気か」という人もいた。「今まで何の準備をしていたのか」だとか。非常食は缶に入ったクラッカーしかないので「大人の人は1日2袋、2人で分けて食べてください。これしかありません」と渡すと、「お前ら、本気で言っているのか」と。おじいちゃん、おばあちゃんや子どもがいて、「じゃあ、災害弱者の人。こっちの人からね」と渡そうとすると、「何をもって弱いと言うんだ」と。市役所が何かやってくれるだろうという、相当な期待感を持っているのです。本当に想定とか準備をはるかに越える規模の災害なので無力も無力でした。

1週間ぐらいたって、トラックが校庭にドンと入ってきて、食パンとバターロールみたいなものが入ってきました。パッと見た限りは避難所に1500人近い人がいて、それでも1人に1枚ぐらいは渡せるなと思いました。小学校は3階建てですが、避難者がいたのは、3階までの教室と体育館でした。それで「1階の教室にいる方、まず並んでください。次は2階の方。その次は4階の方。その次は体育館の方。順番にお呼びしますので並んでくださいね」という放送を流しました。放送を流した直後に、3階にいた人たちがダーッと降りてきて、「俺たちに回らなかったらどうするつもりだ」と言ってきました。「回るから大丈夫」と言っても、「お前、その責任持てるのか」と。

皆さん、精神状態が普通じゃない。普通だったら「お互いさまだっちゃ」です。自分のものは確保しているのに、余計に確保していた方が何かのためだとかという考える人もいるし。食糧とか水の配給は、早い者勝ちでは決してない。みんなでシェアする仕方が大事です。やり方が上手にできていなかった避難所もあるし、できていたところもあります。

このように、避難所運営にあたっては、限られた物資をどのように配るのかについて、高齢者や子どもたちを優先して提供する、避難しているフロア別に順番に食糧を配る、避難者に判断を委ねる、というように多様な取り組みが試行されてはいたものの、それに対して住民からは不満があった。

同様の避難所運営をめぐる課題は、第1章で紹介した阪神・淡路大震災時にも示されていたにもかかわらず、阪神・淡路大震災から16年が経過してもなお、解決策が具体的に検討されておらず、同様の失敗が繰り返されることとなった。

避難所で物資をどのように配布するのかという問題は、避難者が多数避難しており、物資が足りない時ほど深刻である。高齢者・障害者・妊産婦・乳幼児・外国人等の要配慮者への支援を優先することの重要性は、「災害時要援護者の避難支援ガイドライン（平成18年3月）」等で定められている。健康被害のリスクが高い人「困っている人を助ける」ことは、道徳的にも大切なことである。この重要性は、平常時には認識されていても、すべての人が困難に直面する災害時には、特に困っている人を優先することすら心情的に難しくなる。

このようなことが起こるのは、平常時と災害時とでは、価値観が異なるためである。人は基本的に自分自身の幸福を優先する（ザック、2020）。したがって、自分の命を守ることが難しい状況では、他者に配慮することは難しい。しかも、「最大数を救う」ということと、「～という人の最大数を救う」こととは異なる。ここでいう「～という人」は、高齢者・障害者・乳幼児・外国人等の多様な人に置き換えることができる。むろん、災害時に「～という人」を優先する場合、「最大数を救う」よりも優先される対象者は限定される。それでも、同時に多数の人が被災する状況において、どのような「～という人」を優先するのかついては、平常時から議論して社会共通の認識としておく必要がある。前述の高齢者・障害者・乳幼児・外国人は、法律上では要配慮者とされており、行政や福祉関係者のなかではそれらの人を優先させることの必要性が認識されている一方で、地域にはそのことすら知らない人が多い。

災害時に市町村が支援を提供する際に、優先順を判断する基準の一つに、いかに等しく「公平」に被災者を支援するか、がある（矢守他、2005）。しかし、「想定」を超える大規模災害が起きたときには「公平性」を担保することは難しい。判断するための基準がないのであれば、先着順に支援を提供せざるを得ない。たとえば避難所での居場所の確保や食料や物資の提供が先着順になることは周知しておく必要があるだろう。災害が起きてから先着順である、「～という人」を優先させる等の基準をいきなり示したところで、理解が得られないのは当然である。物資配布方法に対しては、あらかじめ自治体と住民との間で共通理解を持つ必要があり、そのためにもこのような課題を盛り込んだ避難所運営訓練を通して解決方法を考えておきたい。

## 7　行政だけが支援者ではない――地域リーダーの育成

ここまでみてきた通り、現状の日本の災害支援では、大震災発生時の資源不足の問題解消は、国・都道府県・市町村等の行政の管轄となる。だが、この問題を行政のみで解決することは不可能であり、抜本的な改革が必要なポイントだ。

災害時の避難所については、阪神・淡路大震災でも被災した市町村等の行政だけで運営することは難しく、①地域主体型、②学校主体型、③避難者リーダー型、④ボランティア型、という異なる運営体制がみられた（第1章第5節）。これらのうち、比較的よく機能していたのが、①地域主体型であった。このことは、避難所運営をする地域リーダーの育成に取り組むことが有効な対応策であることを示している。

第3節で述べたように、東日本大震災では人命救助に関わる自衛隊・警察・消防・医療専門チームと県は円滑に連携し支援を展開していた。支援に携わった組織は、平常時にも人命共助に携わっており、被災地支援業務も基本的に平常時の業務の延長にあった。これは、「災害時の組織マネジメント」（38－39頁）の「拡大型」にあたる。阪神・淡路大震災以降に、意思決定のあり方や、資機材や業務の標準化が進められたことにより、東日本大震災では効果を最大限に発揮できたことは繰り返し紹介した。

これに対し、避難所対応は誰もが日常時にほとんど行うことのない業務である。そのため、「拡張型」もしくは「創発型」で対応せざるを得ない。ここで拡張型とは、避難所運営とは異なる業務をしている職員を配置し避難所運営をしてもらうこと、創発型は自治体職員以外の人の協力をも得て避難所運営を担ってもらうことをさす。とはいえ、「拡張型」で対応しようにも、避難所運営等は平常時にはない業務のため職員の専門性は低いうえに、自治体は部局縦割り体制のため、複数の部局が連携する体制をつくることは容易ではない。前述の岩手県危機管理監の越野は、当時の県庁の体制について、被災者への支援物資の提供であれば、コメは農林水産部が、日用品は環境生活部が、医薬品は保健医療部が、被災地への配送は危機管理課がというように、物資を調達する部局、配送する部局がわかれており、所管が明確ではない業務があると「それはうちの所掌ではない」と断られてしまい、苦慮したと述べている。そこで、岩手県では、知事の判断により部局横断的なチームが編成され、物資支援、遺体対応、瓦礫処理等の喫緊の問題に対し、スピード感を持って対処できるようにした。トップダウンで決定することは、部局横断体制をつくるのに有効であった。

このような行政の縦割り構造を変革する際に参考になるのが、第2章第5節で紹介したトルコの「災害サポート・グループ」の仕組みである。これは、国が主体となって、異なる省庁・部局で構成される部局横断のグループをつくり、それぞれが連携して「避難所」「物資」等に関わる業務を担う体制である。

これらの業務は、行政だけが取り組む問題ではなく、第３章のインドネシアの事例のようにＮＧＯやボランティア等の民間団体や海外からの支援を得て、連携して従事できるようにすることも重要である。東日本大震災では津波が広域に被害をもたらしたために、被害状況は阪神・淡路大震災よりも厳しく、被災地では津波から2週間がたっても食料や物資が十分には届かず、「見殺しに等しい」と伝える報道もあった。被災した人々に食糧を提供するために自衛隊が炊き出しを行ったが、提供できた食事は主食（米飯・おにぎり）と味噌汁等に限られた。ボランティアが炊き出しする被災地もあったが、千人以上が避難している大規模な避難所で炊き出しを継続するのは困難であった。また、自衛隊とボランティアの炊き出し場所が重複するなどの問題も生じた（阪本、２０１３）。そこで、国・宮城県・自衛隊・ボランティア団体の４者間で炊き出し調整を目的とする会議（被災者支援4者会議）が行われた。被災地では、石巻市では４月４日に、気仙沼市では４月９日に、南三陸町では4月8日に、自治体・自衛隊・ボランティア団体から構成される「3者調整会議（3者会議）」が設置された。その結果、石巻市では自衛隊がより大きな規模の避難所で活動し、ボランティアは半壊家屋が多くある地域などを担当する、と役割分担を明確にし、業務が円滑になった。このように資源不足に対応するには、行政間の連携に加えて多様なセクターとの連携が不可欠である。

だが、第2章のトルコの食事の例を思い出してほしい（78頁）。震災直後からクズライがボランティアと連携して温かく栄養バランスの良い食事を1日３食提供していた。このような官民連携による被災者支援の質の向上は日本でも真剣に検討すべきだろう。

## 8　「拡張型」業務にどう対応するのか

本章では、東日本大震災の災害対応に携わった自治体職員や、地域の人々がどのように状況を判断し、行動していたのかを検討した。

東日本大震災では、阪神・淡路大震災の「失敗」を踏まえて構築された、人命救助の専門チームが災害発生直後から支援を展開し、それにより多くの命が救われた。つまり、「災害時の組織マネジメント」の「拡大型」業務については、体制整備が進み大きな効果がみられた。その一方で、犠牲者のうち9割が津波によるものだったことは、一人一人の状況判断を促すためのアプローチが十分ではないという課題を示した。犠牲者のなかには、他者の支援がないと避難が難しい人もおり、それらの人の避難を支援しようとした消防団や民生委員が多数犠牲になったことは、地域の支援者の安全確保や人材育成の取り組みが重要であることを示している。

また、災害が起きた後の避難所運営や被災者支援等の「拡張型」業務については、依然として対応できていなかった。これらの業務は多くの人にとっては日常業務とは異なるうえに、組織を超えた連携体制が必要であるものの、そのような連携体制は構築されていない。拡張型の業務については、トルコの「災害対応サポート・グループ」のような組織間連携体制の検討を、国を中心に進める必要がある。

東日本大震災のような大震災では、災害対応に求められる資源をすべて行政が担えるわけではない。従って、第3章で述べたように日本でもＮＧＯ、ＮＰＯ、ボランティア、国際支援との連携の仕組みを検討する必要がある。そのための方策を次章で考える。

注

１　消防庁（２０２４）「平成23年（２０１１年東北地方太平洋沖地震（東日本大震災）の被害状況（令和６年３月１日現在）」による。死者（災害関連死を含む）１万９７７５人、行方不明者２５５０人。https://www.fdma.go.jp/disaster/info/items/higashinihontorimatome164.pdf（２０２４年11月10日参照）

２　警察庁（２０１２）「特―４　東日本大震災による死者の死因等について（平成24年３月11日現在）」『警察白書平成24年』。https://www.npa.go.jp/hakusyo/h24/toukei/00/0-04.xls（２０２４年８月11日参照）

３　中央防災会議「東北地方太平洋沖地震を教訓とした地震・津波対策に関する専門調査会」（２０１１）第７回会合参考資料「平成23年東日本大震災における避難行動等に関する面接結果（住民）単純集計結果」（２０１１年８月16日開催）。https://www.bousai.go.jp/kaigirep/chousakai/tohokukyokun/7/pdf/sub1.pdf（２０２３年７月４日参照）

４　陸前高田市広田町自主防災会（２０１３）『広田の未来に光あれ――平成23年３月11日　平成三陸大津波広田町の記録』陸前高田市広田町自主防災会・震災記録製作委員会。

５　厚生労働省「人口動態統計から見た東日本大震災による死亡の状況について」（２０１２）「平成23年（２０１１）人口動態統計（確定数）の概況」（平成24年９月６日）。https://www.mhlw.go.jp/toukei/saikin/hw/jinkou/kakutei11/（２０２４年11月20日参照）

# 第5章　「いつも」と「もしも」をつなぐ未来の防災
## ——能登半島地震（2024年）から考える課題と提言

### 1　多様化する支援の担い手

これまでの議論を整理すると、「想定」にもとづく防災対策では、「想定外」の規模の災害が発生したとき、救助も支援も十全に機能せず、その結果、被害が拡大することがわかった。前章でとりあげた東日本大震災では、阪神・淡路大震災やインド洋津波災害の失敗を活かすことができず、過去100年、国内で最大規模の被害を生んでしまった。これは、どれだけ支援するための仕組みを整備し、人材を育成しても、それが想定に基づく限り、回避できる問題ではなかった。前章で検証した通り、地震や津波が身に迫る緊急的な状況で命を守るには、一人一人の避難行動が重要である。また、東日本大震災のような大震災では、災害対応に求められる資源をすべて行政が担えるわけではない。第3章で述べたように日本でも非営利組織（NPO）や非政府組織（NGO）や、企業等の民間セクターと連携するための仕組みをつくる必要がある。

　そこで、本章では、２０２４年に起きた能登《のと》半島地震の事例を取り上げ、今後どのように行政と民間セクターが協力して、大規模災害に立ち向かうべきかを考える。

## 2　能登半島地震における支援の課題

### 1　全国からの支援は迅速に提供された

　ここでは、現在では災害が起きた時にどのような支援が提供されているのか、能登半島地震の被災地の現場からみてみよう。

　２０２４年1月1日16時10分に石川県の能登半島を震源とするマグニチュード7・6の地震が発生した（図5－1）。地震は、石川県、富山県、新潟県に被害をもたらした。なかでも石川県の被害は大きく、8月21日時点で死者３３９人、負傷者１２１１人、住家被害8万２５７８棟に及んでいる。[1] 正月に地震が起きたために、帰省先や旅行先で被害にあった人も多く、それらの人々も避難したために避難所はどこも混雑した。被災者データベース登録数は12万１０５８人であった。

　石川県は地震の前年の２０２３年1月13日に特定非営利活動法人「全国災害ボランティア支援団体ネットワーク（ＪＶＯＡＤ）」と「災害時等における被災者の避難生活への支援、生活再建および被災地の復旧復興に係る連携・協力に関する協定書」を締結していたこともあり、ＪＶＯＡＤは地

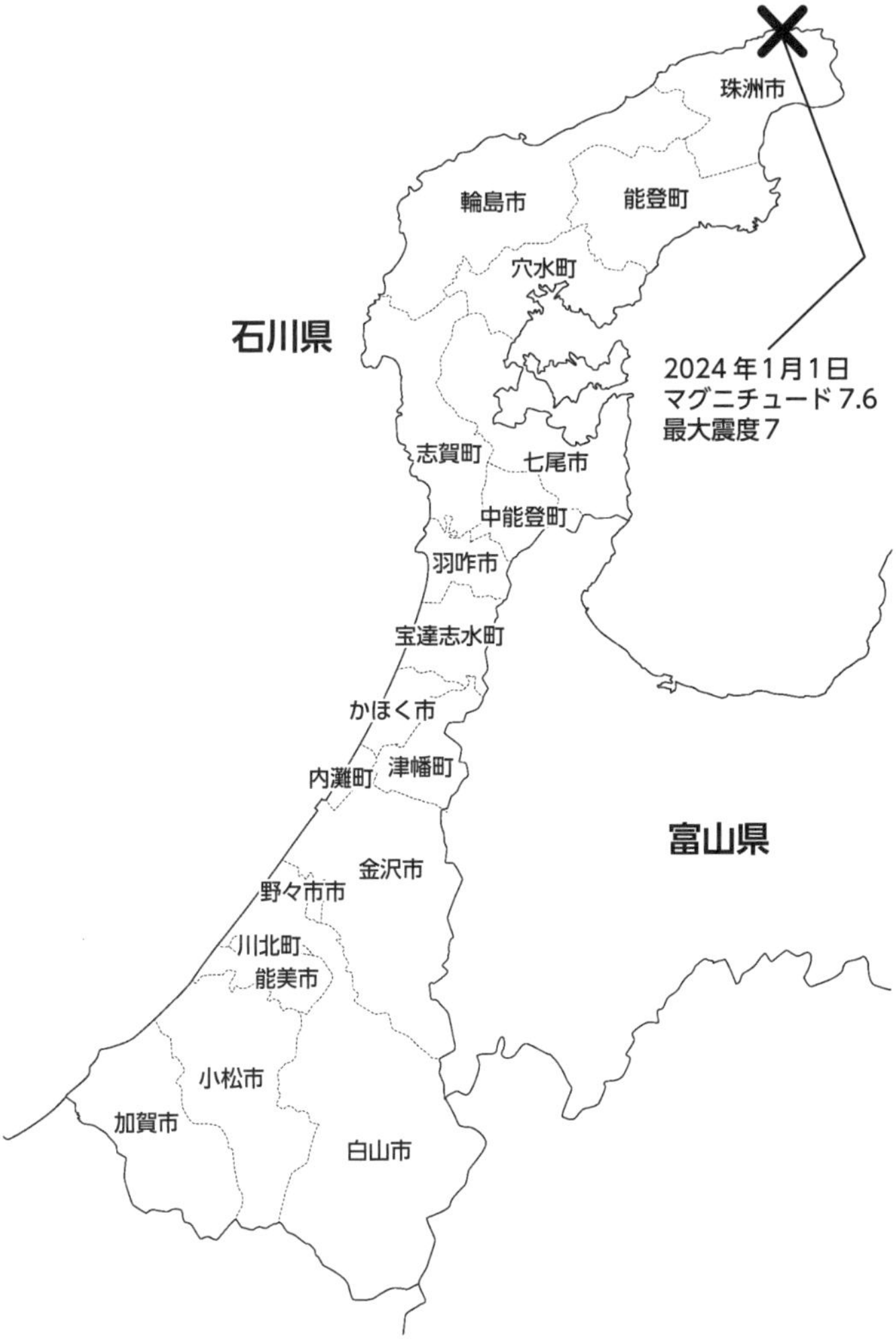


図５−１　能登半島の周辺地図

震発生の情報を受けてすぐに石川県に向かった。

ＪＶＯＡＤは、東日本大震災時に行政と民間ボランティア団体が連携する仕組みがなかったことから２０１６年に災害支援に関わるボランティア団体を全国域でつなぐネットワーク組織（災害中間支援組織）として設立された。２０１７年の九州北部豪雨、２０１８年の西日本豪雨では被災地の災害中間支援組織と連携して被災者の支援に関する情報を共有した。また、２０１９年には内閣府との間で「タイアップ宣言」を締結し、行政とボランティア団体がそれぞれの支援情報を共有し、協力して災害に対応するための基盤づくりを行っている。

能登半島地震では、私もＪＶＯＡＤの運営メンバーであることから先遣隊に加わり、現地で被災状況の把握、物資の支援、避難所の状況調査、行政や関係組織との活動調整等に携わった。地震発生の翌2日午後に石川県庁に到着し、支援組織がどのような活動を展開しているのかについて情報を収集した。

能登半島地震は、正月に発生した地震であったにもかかわらず全国からの応援は迅速に動いていた。国は内閣府副大臣をトップとした「内閣府調査チーム」を石川県にヘリコプターで派遣し、同チームは1日23時22分に石川県庁に到着すると「非常災害現地対策本部」を設置した。２日午後の時点では、石川県庁には各省庁、自衛隊、消防、医療、都道府県、ボランティア団体が集まっていた。石川県災害対策本部会議は、これら支援組織が傍聴できるようになっており、県の災害対応の状況だけでなく、オンラインで接続された被災市町の情報も共有された（図５－２）。県庁では、石川県災害対策本部、国の現地対策本部、全国知事会のブロック協定幹事県の三重県や関西広域連合の事務局を務める兵庫県等の自治体職員、保健医療福祉調整本部員等から、被災現場がどのような状況であるのか、どのような支援が求められるのかを聞いた。

## ２　被災直後から活躍していたボランティア団体

１月３日には被害が大きかった七尾《なな お》市、穴水町《あなみずまち》、珠洲《すず》市に向かった。能登半島を横断する能登里山街道は地震で崩落して通行止めになっていた。通行可能な道路も路面に大きな亀裂や段差ができており、道路脇には亀裂にはまって横転した車やパンクした車が多数あった。被災地に支援に向かう自衛隊・消防車・救急車等の緊急車両により道路は渋滞していた。

図５－２　石川県災害対策本部会議の様子（著者撮影）

穴水町では「さわやか交流館プルート」が避難所となっていた。ここは、町立図書館・児童館・公民館等の複合施設であり、社会福祉協議会の事務所も入っている。施設には８００人近い人が避難生活を送っており、社会福祉協議会の職員が地震発生直後から休みなく運営にあたっていた。

図5－3　避難所となった「さわやか交流館プルート」に設置された福祉スペース（1月5日）（著者撮影）

避難所は物資に乏しく、問題が山積し、職員は疲弊していた。話を聞くと、「避難所の状況を何とかしたいのですが、どうにもできません。トイレの状況も悪いのですが、物資もごみ収集もなく何ともしようがありません。でも、なんとか頑張って福祉スペースはつくりました」と涙ながらに語った。穴水町は、2007年にも能登半島地震を経験しており、その職員は当時も避難所対応にあたった。その経験から、避難所の生活環境を必死に改善しようとしていたが、今回の被害は前回とは比較にならないほど甚大であり、また、支援物資が届かない状況では、それは叶わなかった。

穴水町では、2007年の地震以来、社会福祉協議会と交流のあった特定非営利活動法人「レスキュー・ストックヤード」が1月4日から支援に入り、ボランティアとともに避難所の清掃や空間配置を改善した。それにより、避難環境は大きく改善された。1月5日に再度同避難所を訪れたところ、床に毛布を敷いて雑魚寝生活をしていた避難者にはマットが配られ、福祉避難スペースには段ボールベッドやポータブルトイレが整備され備品は充実し（図5－3）、トイレは清掃され、仮設トイレも設置され、炊き出しが行われていた。

図５－４　珠洲市の様子。家屋は倒壊しており緊急車両も入っていけない状況だった（１月３日）（著者撮影）

　珠洲市では「市民ふれあいの里健康増進センター」が被災者支援の拠点となっていた。珠洲市は23年5月5日の奥能登地震でも被害を受けた。その時には、市だけでは被災者に支援を提供することは難しいと泉《いずみ》谷《や》満《ま》寿《す》裕《ひろ》市長が判断し、急きょ支援に駆けつけた保健医療福祉関係者、自治体職員、ボランティア団体が連携して支援情報を共有する「生活サポート部会」が設置された。

　今回の地震による被害はその23年の地震による被害を大きく上回り、まちの様子については市長が「全滅に近い」と語ったほどであった（図5－4）。そのような状況であったにもかかわらず、地震が起きたその日のうちに、特定非営利活動法人「ピースウィンズジャパン」と「空飛ぶ捜索医療団ARROWS」がヘリコプターで支援に駆

図5－5　生活サポート部会の様子。災害支援のNPOが集まり避難所支援、孤立集落支援を行っていた（1月3日）（著者撮影）

けつけており、「生活サポート部会」が設置されていた（図5－5）。迅速に支援できたのは23年の地震で珠洲市を支援していたことによる。1月3日の時点では自主開設の避難所を含む約86ヶ所の避難所の状況調査が同部会により行われ、孤立集落がどのような状況であるのか、誰が支援に向かっているのかという支援調整が行われていた。健康増進センターの三上《さんじょう》豊子《とよこ》所長は、地震が起きた直後にセンターに駆けつけたものの、その時に参集できた職員はわずか3人であった。通信は断絶しており、倒壊家屋も多く、職員の安否確認もままならない状況で、夜、ヘリコプターで支援団体が来てくれた時は「これで何とかなるかもと思い涙が出た」と語った。

1月6日には、土砂災害により通行止めであった輪島《わじま》市に向かう道路が開通したことから、私たちは、輪島市を拠点に被災者支援活動をしていた公益社団法人「青年海外協力協会」に発電機や物資を届けるために輪島市に向かった。輪島市は地震とその後発生した火災や土砂災害により深刻な被害を受けていた。同協会は、もともと輪島市の中心部で「輪島KABULET」というまちづくりの拠点やグループホームを運営していたため、協会の職員も被災し、地震発生直後はグループホームの入所者とともに輪島市役所に避難していた。自らも被災し避難していたにもかかわらず、その避難所だけでなく市内に多数開設された避難所を巡回して物資を届けたり、避難所運営のサポートをしていた。

そこで、私たちは青年海外協力協会スタッフとともに、規模の大きい輪島中学校避難所に行った。避難所では「輪島中学校『勝手に』災害対策本部」という看板が出されていたのが目にとまった。なぜ「勝手に」という名前なのかを聞くと、受付にいた「輪島市災害ボランティアの会」の代表者三谷《みたに》みはる氏が「市の災害対策本部ではなく、私たち避難者が、避難所の運営のために勝手につくった対策本部です。行政には了解をもらいました」と語った。輪島市災害ボランティアの会は、2007年の能登半島地震でボランティアの重要性を身に染みて知った市民によって設立された会であり、これまで災害時のボランティア活動に関する勉強会を重ねていた。避難所運営についても、これまで学んできたものの、実際の災害は想定の規模を超えており、何をすればよいのかわからず、戸惑っているとの話であった。

このように、地震発生直後から地域の人々は、避難所の生活環境を改善しようと取り組んでおり、そこをボランティア団体が支えている状況が印象的であった。県庁や市役所には多数の行政の応援職員の姿があったものの、最前線の被災現場で被災した人に寄り添い支援していたのはボランティア団体のスタッフだった。その後、時間の経過とともに避難所に応援職員の姿が増えていった。なぜ、地震発生直後に被災現場を支援する行政職員の姿がなかったのだろうか。

### 3　調整に時間を要した自治体間支援

能登半島地震において、自治体間の支援がどう行われていたのかをみてみよう。阪神・淡路大震災の失敗から、現在では、災害時に迅速に被災自治体を支援する仕組みが整備されている。全国知事会は、全国を北海道・東北ブロック、関東ブロック、中部ブロック、近畿ブロック、中国・四国ブロック、九州ブロックという5つの地域ブロックに分けて、地域ブロックごとに災害時の支援の詳細を定める相互応援協定を締結している。今回被害が大きかった石川県は中部ブロックにあり、「災害時の応援に関する協定書（9県1市）」（平成19年7月26日）を、富山県、石川県、福井県、長野県、岐阜県、静岡県、愛知県、三重県、滋賀県および名古屋市との間で締結していた。[2] その内容は、①救護活動を行えるよう被災県市等に救援対策本部を設置すること、②物資等の提供、③人員の派遣、④避難場所の相互使用、⑤緊急輸送路の共同啓開《けいかい》、⑥被災者等の一時収容のための施設の提供、⑦医療機関による傷病者の受け入れ等を行うこと、である。被災県に対して支援に入る県は、第1順位～第3順位まで決められている（表5－1）。これによると、被災県への支援は隣接する県が行うことになっており、今回の地震のように富山県・石川県という隣接する県が同時に被害を受けると、相互に支援することは難しい。そのようなケースでは、幹事県が主たる応援県市を調整して定める。

能登半島地震が起きた時の幹事県は三重県であり、三重県は石川県に職員を派遣して被災地の情報収集と支援調整にあたり、輪島市は三重県が、志賀町は愛知県が、七尾市は名古屋市が支援するとの方針を決めた。

また、総務省は、被災自治体の災害マネジメントを支援するために「総括支援チーム」を派遣する仕組みを２０１８年から運用している。総括支援チームは、災害支援のベテラン職員による「災害マネジメント総括支援員（ＧＡＤＭ）」と、その他職員による「災害マネジメント支援員」から構成されており、被災市町村の災害対策本部長の下で災害対応を支援する。今回の災害では、被害が大きかった石川県の６市町（輪島市、珠洲市、能登町、穴水町、七尾市、志賀町）に、支援調整を総括する県市が割り当てられて支援が行われた[3]（表５－２）。

このように、全国知事会の中部圏ブロックを中心とする支援や総務省の調整による総括支援チームの派遣以外にも多様なルートで応援職員が派遣された。ただ、最初に派遣される応援職員（先遣隊）は、被災市町を訪問して、被害の状況を把握

表５－１　中部圏ブロックの災害時の支援体制

| 被災県市 | 主たる応援県順位 | | |
|---|---|---|---|
| | 1 | 2 | 3 |
| 富山県 | 石川県 | 長野県 | 岐阜県 |
| 石川県 | 富山県 | 福井県 | 岐阜県 |
| 福井県 | 石川県 | 岐阜県 | 滋賀県 |
| 長野県 | 富山県 | 石川県 | 岐阜県 |
| 岐阜県 | 愛知県 | 三重県 | 富山県 |
| 静岡県 | 愛知県 | 長野県 | 岐阜県 |
| 愛知県 | 岐阜県 | 三重県 | 静岡県 |
| 三重県 | 愛知県 | 岐阜県 | 滋賀県 |
| 滋賀県 | 三重県 | 福井県 | 岐阜県 |

（出典：愛知県（2024）[2] より）

表５－２　能登半島地震における総括支援チームの派遣状況

| 被災市町 | 派遣元自治体 | 派遣開始日 |
|---|---|---|
| 輪島市 | 三重県 | 1月4日～ |
| 珠洲市 | 浜松市 | 1月3日～ |
| 能登町 | 滋賀県 | 1月3日～ |
| 穴水町 | 静岡県 | 1月3日～ |
| 七尾市 | 名古屋市 | 1月3日～ |
| 志賀町 | 愛知県 | 1月3日～ |

（出典：総務省自治行政局公務員部（2024）[3]より）

し、支援ニーズに基づいてどのような専門性を持つ職員を派遣するのかを所属先と調整する。そのため、被災現場に専門的なスキルをもつ職員が派遣されるまでに時間を要する。この点は、地震発生直後から被災現場でそれぞれの専門性を活かして、被災者の救命救助の業務を行う自衛隊、警察、消防等と比べると機動力が弱い。これが、地震発生直後に避難所で活動する応援職員をみかけなかった要因である。

　また、被災市町の業務を支援する総括派遣チームとしても県が派遣されるのか、市が派遣されるのかで、調整可能な支援内容が異なる。県が支援調整を行う場合は、広域行政組織であるため、県内の他の市町村に応援職員の協力を依頼できる。したがって支援に必要なマンパワーを確保しやすい。これに対して市が調整業務を担う場合は、同じ基礎自治体として業務内容に精通している一方、支援に携わることができるマンパワーは限られる。また、他の市町村や県に協力を呼びかけることも容易ではない。このような、都道府県または市町村の業務特性や人的・物的資源を動員する能力をも考慮して配置を検討する必要がある。

## ４　「拡大型」「拡張型」のギャップ

避難所運営や被災者支援等の業務は災害時特有の業務であり、「災害時の組織マネジメント」（38－39頁）に照らし合わせると、平常時には職員が行っていない「拡張型」あるいは「創発型」の業務であるため、専門性を持つ職員は少ない。これに対してボランティア団体のなかには、平常時から災害救援を主要な活動とする団体がある。阪神・淡路大震災をきっかけに活発化したボランティア団体の活動をサポートするために、１９９８年、多数の人の利益に寄与する特定非営利活動を行う市民団体を認定し、支援するための「特定非営利活動促進法」（平成10年法律第7号）が制定された。災害救援活動も特定非営利活動に位置付けられている。災害救援活動を専門とする団体数は東日本大震災を経て増加傾向にあり、24年時点では４４５７法人が認定されている。これらの団体にとって災害対応業務は平常時から携わっている「確立型」であり、災害時に迅速に被災地で活動できるだけの専門性と機動力を持つ団体もある。

このように行政にとっては「拡張型」「創発型」業務である避難所運営が、ボランティア団体にとっては「確立型」「拡大型」業務となっており、組織間で専門性や経験にギャップがみられる。このギャップを埋めるには、「行政」「民間」という枠を超えて連携するための仕組みが必要になる。前述の珠洲市の「生活サポート部会」のような組織は全国でもほとんど事例がない。このような被災者支援に携わる自治体やボランティア団体が情報を共有する「場」を設置し、互いの活動を通して得られる情報を共有しながら、支援を調整することができると有効である。

また、輪島市では地震発生直後に避難所運営の経験が豊富なボランティア団体の特定非営利活動法人「ピースボート災害支援センター」が支援に駆けつけていた。その後、自治体の応援職員が派遣されたものの、そのなかには避難所運営の専門知識がない職員もいた。そこで、それらの職員の配置に先駆け、ボランティア団体のスタッフが避難所運営に関するブリーフィングを行なった。このような形で行政とボランティア団体が連携していたのが、これまでの災害現場と比べて特徴的だった。

その一方で、災害ボランティア活動に対する行政の理解が十分ではなく活動が制限される事例もみられた。能登半島地震が起きた直後、石川県は、救助活動を優先するためにボランティア派遣を控えるようにとのメッセージを出した。だが、ボランティアの活動には、避難所運営支援、瓦礫除去のように地震発生直後から支援が求められる専門性の高い活動もある。これらの活動は、応援職員の派遣に時間がかかることからも、迅速に支援を行うボランティア団体の果たす役割は大きい。

災害時に行政と民間が連携するには、平常時から互いの活動への認識を高め信頼関係を構築することが望ましい。内閣府は、2022年から全国の自治体と連携して「避難生活支援リーダー／サポーター」の養成に取り組んでいる。同研修は、避難所等が開設された時に避難所のリーダー／サポーターとなり、避難生活の環境を改善することができる人材を「行政」「民間」を問わず育成することを目標としており、そのために被災者とのコミュニケーションのスキルや、具体的な環境改善の方法を学ぶことができる内容となっている。研修は2022年度～23年度に岡山県、群馬県、兵庫県、広島県等の10県で開催され、約500人の人が受講した。けれども、今回能登半島地震を経験した、石川県・富山県・新潟県ではまだ研修が行われていない。このことは自治体の裁量によって、対応が異なることを示している。この質の不均衡を是正するには、どのような体制が望ましいか次節で考えてみよう。

## 3　地方自治体偏重の災害対応体制からの脱却へ

これまで繰り返し述べたように、日本の災害対応は行政、とりわけ地方自治体の役割が重視されてきた。けれども、阪神・淡路大震災、東日本大震災、能登半島地震の経験から明らかなように、大規模災害では地方自治体でできることには限界があり、かなりの業務負担が集中する。そのため、国、応援自治体、地域住民、ボランティア団体、民間企業等との連携は必須である。また、能登半島地震の経験は、専門チームによる捜索救助や医療支援等の「拡大業務」は相互支援体制が拡充されている一方、避難所運営や被災者支援等の「拡張業務」は、職員の派遣に時間を要するうえに、職員の専門性は十分ではなく「機動力」「専門性」に欠けるという問題を提示した。

このような問題は、阪神・淡路大震災、東日本大震災と繰り返されており、能登半島地震においても解決には至っていなかった。このままでは、将来、南海トラフ地震や首都直下地震が起きたときに同じような失敗がより大きな規模で繰り返され、人的被害が爆発的に大きくなる危険がある。

このような事態を回避して災害対応力を強化するには、第一に、地方自治体偏重体制（Ⅲ型・地方分権／分離型）から脱却し、「国」としての災害対応力を強化する必要がある。災害対応業務を平常時からの業務（確立型）とするために内閣府の一部局として「防災」業務を行うのではなく、「防災省」を設置して各省庁に分散している防災機能を整理、統合して組織を整備し、人材を育成する必要がある。現在の内閣府防災には職員が約２００名しかおらず、そのほとんどが省庁や地方自治体、民間企業からの出向であり、２～３年の任期を終えると自組織に戻ってしまう。この体制では過去の災害対応から得られるノウハウを蓄積し、国としての災害対応力を強化させることは難しい。また、災害対応に関する法制度も省庁別になっている。そこで、防災省を設置するとともに、「事前対策（防災）」「災害応急対応（減災）」「災害復興（復興）」という時間フェーズごとに、業務内容や関連する法制度等、過去の災害から得られる課題を整理し、平常時から課題解決のために取り組める体制を構築する。例えば、事前対策であれば、地震火山研究は文部科学省が、地震火山気象観測は気象庁が、災害対策は内閣府がという縦割り体制となっていることから、トルコのように地震研究・ハザード監視から災害対応まで一貫して統括できる体制にする必要がある。また、災害応急対応についても、本書で述べたように人命救助や、保健医療福祉専門チームのように拡大業務に対応できる専門チームは育成されている一方で、「被災者支援」「情報通信」「災害廃棄物」「復興計画」「仮設住宅」「復興住宅」のような平常時の業務にないものの、災害とともに爆発的に増える業務（拡張型）には対応できていない。これらの業務の多くは、省庁横断的な対応が必要であり、民間セクターの参画も不可欠であることから、アメリカの「緊急対応機能（ESF）」やトルコの「災害対応サポート・グループ」のような、機能別の支援調整体制を構築する必要がある。

第二に、国レベルのみならず、国が地方自治体とも連携して災害対応を支援できる体制を構築することである。例えば、国土交通省は東北・関東・北陸・中部・近畿・中国・四国・九州という地域ブロックごとに地方整備局を、全国知事会も地域ブロックを整備しており、都道府県と連携しつつも広域で対応できる体制にある。同様に防災省も地域ブロックごとに防災局を設置して、被災自治体の災害対応や被災者支援をサポートできると有効である。大震災では、避難等による人の移動が大きくなることから、どこの自治体に避難したとしても支援を得られる仕組みづくりは重要である。

第三に、過去の災害対応から得られる知見を蓄積するとともに、それを活かした人材育成である。災害対策は、地震、津波、豪雨、土砂災害、火山等のハザードメカニズムや、地域特性、そこに住む人々の行動特性、過去の災害対応に関する知識等の自然科学と社会科学を包括する高度な専門知識を要する。そのような知識を持つ専門人材を国を挙げて増やす必要がある。

## 4　フェーズフリーな社会を目指して

### 1　災害に備えられない人々

さらに、災害対応力を強化するためには、災害対策に国、地方自治体、地域住民、ボランティア団体、民間企業等のあらゆるセクターが参画する必要がある。これには災害に「備える」という考え方を根本から変えなければならない。

これまで述べてきたように、行政の備えでは想定外の災害に対応できないのと同様に、市民についても災害に備えようとしない人は一定数いる。阪神・淡路大震災を経験した兵庫県が２０２３年に実施した県民アンケート[4]では、家具を固定しているという回答は49％、携帯トイレや凝固剤を備蓄している人は43％程度であった。地震から30年も経過すると、兵庫県においても防災意識は薄れつつあることがわかる。

東日本大震災を経験した福島県で行われた県民への意識調査[5]では「大規模災害時に備えて、避難場所の確認や食材の備蓄など行なっていますか」という質問に対して、「はい」「どちらかといえば「はい」」が40％であるのに対し、「いいえ」「どちらかといえば「いいえ」」は39％とほぼ同率の回答だった（図5－6）。東日本大震災、福島第一原子力発電所の事故、豪雨災害等を経験しても「備え」に結びつくわけではない。

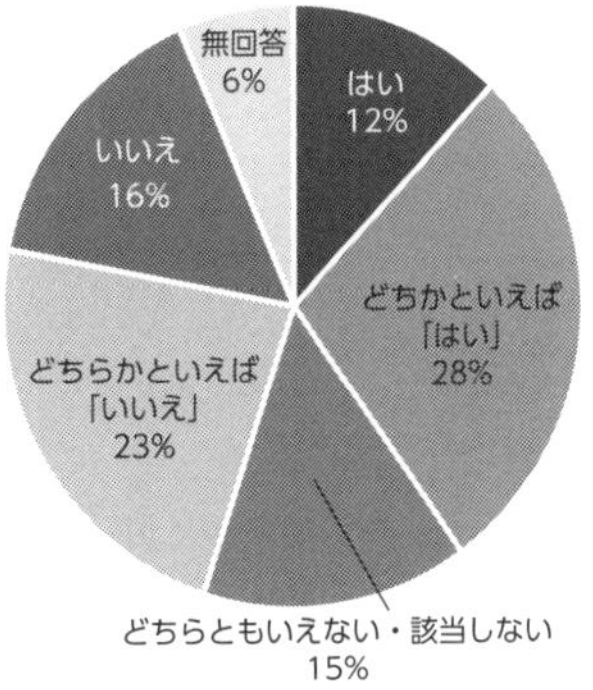


図５－６　大規模災害への備え（福島県）（回答者数：1287）（出典：福島県（2024）[5]より作成）

図５－７　高知県黒潮町に建設された津波避難タワー

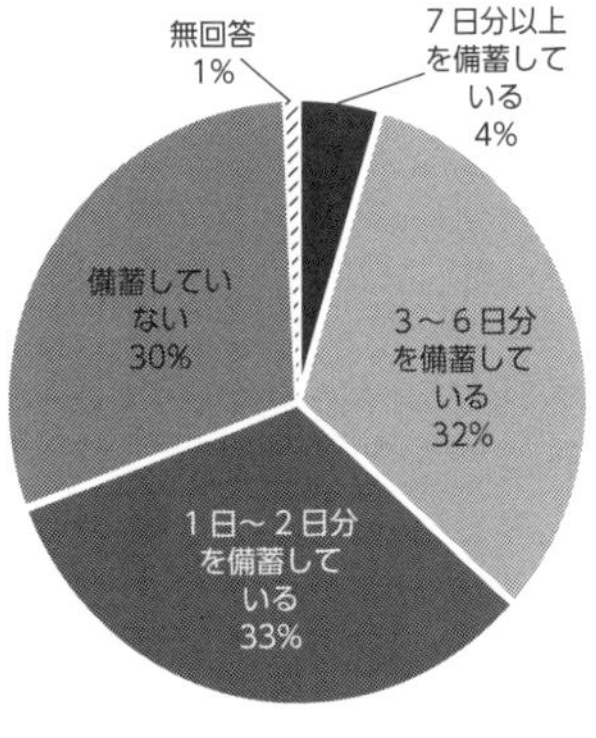


図５－８　あなたのお宅では南海トラフ地震に備え、食料を備蓄していますか？（回答者数1779人）（出典：高知県危機管理部南海トラフ地震対策課（2021）[6]より作成）

将来、南海トラフ地震が起こると最悪で34ｍの津波が来ると想定されている高知県では、高さ22ｍ、７階建相当の国内最大の津波避難タワー（図５－７）を含め１２６基の津波避難タワーを建設して津波災害に備えている。その高知県民の食料等の備蓄状況を調べた結果[6]が図５－８である。回答を見ると３日以上の食料を備蓄しているという人は46％であり、30％の人は「食料を備蓄していない」と回答している。このうち「１日～２日備蓄している」「備蓄していない」という人に、備蓄していない理由を聞くと「必要性を感じていない」という回答は11・9％であった。

このように、過去に災害を経験した地域、将来災害が来ると想定される地域のいずれにおいても、3割～4割の人は備えているものの、ほぼ同数の人は備えていない。全ての人が災害に備えるということは、根本的に難しいことを示している。災害に備えようと取り組む人もいれば、必要性はないと考える人、面倒なことを先送りする人もいる。そもそも、災害はいつ起こるかわからないので、それへの備えは先送りにされがちである。

災害に備えていない3割～4割の人は、災害時に自らの力では生活を継続することは難しく、支援に頼らざるを得ない。けれども、頼みの綱である行政の支援は、これらの人すべてに支援できる状況にはない。大規模な災害が起きた時には、資源が不足することは明らかだ。

## 2 フェーズフリー

そのような、災害に備えるという考え方を根本から覆す概念が「フェーズフリー」である。フェーズフリーは「災害時（もしも）」と「平常時（いつも）」という社会的状況（フェーズ）を取り払い（フリー）、いつもの暮らしをより良くすることで「もしも」のときの暮らしや命を支えるという考え方である（佐藤、２０２４）。

被災地を訪れると「いつも何げなくやっていることが役にたった」という話を聞くことがある。

例えば、阪神・淡路大震災であれば「隣の人と挨拶して誰が住んでいるのか知っていたから、瓦礫の下に埋まっているかもと考え、助けることができた」「いつもお風呂の水を捨てずにためていたから、断水してでも水はなんとかなった」などである。このような話は個人だけでなく、コミュニティレベルでもみられる。例えば、神戸市の中華街のある南京町商店街組合の人々は、阪神・淡路大震災の発生直後から地域で協力して被災者に炊き出しをしていた。日頃から春節祭を行うために、週に一回程度商店街の人が集まる慣習があり、地震のあとも自然とそのメンバーが集まり、被災者のためにできることを自主的に行ったのだという。

逆に、せっかく災害に備えていたにもかかわらず、いざという時に「役にたたない」という事例も少なくない。停電に備えて懐中電灯を準備していても、いざという時には電池が切れていて使えなかったり、非常食を食べようと思うと賞味期限切れだったりする。「もしも」のために準備したものが役に立たないのであれば、「いつも」使っているものの質を良くして、「もしも」の時にも使えるようにする方が良い。

「いつも」使っている何がフェーズフリーなのかを考えることは、私たちの日常生活のどのような要素が災害時につながるのかを考える新たな視点を提供する。

以下にそのようなフェーズフリーの事例を紹介する。

徳島県鳴門《なると》市では「学校のフェーズフリー」に取り組んでいる。国語・社会・算数・理科・生活・音楽等すべての教科教育や日常生活のすべての時間にフェーズフリーを取り入れている。例えば国語であれば、「伝えたいことを伝える」という能力を育むなかで、「災害時に避難所にペットを連れてきて良いか」というように防災に関することについても自分の意見を言えるようにすることや、自分とは立場の違う人、例えば要配慮者のことを理解できるようにすること等が学習目標として掲げられている。

北海道小清水町《こしみず》では、町民が日常を快適に過ごせる交流・健康拠点と庁舎を一体化させた防災拠点型複合庁舎「ワタシノ」を建設した。新庁舎は役場の向かいに、カフェ、ランドリー、フィットネスジムが併設されている。カフェやランドリーは、災害が起きた時に最も困るものであるが、いつも使うことができて、さらにそれを災害時にも使うことができれば何よりである。また、いつも行政職員と住民とのコミュニケーションがとれていれば、災害時の関係もうまく機能するだろう。

西日本豪雨（2018年）で被害を受けた愛媛県宇和島《うわじま》市では、PTAのOBが設立したNPO「うわじまグランマ」が子ども食堂を活用した防災食の拠点づくりに取り組んでいる。宇和島市の松島陽子《まつしまようこ》氏は西日本豪雨時に自主開設された避難所で生活する人に温かい食事を届けたいという思いから仲間を募り、寄付を集め炊き出しを始めた。炊き出しを取りに来る人のなかには子どももいた。その後、避難所は閉鎖されることになったが、炊き出しが無くなると子どもの食事はどうなるのかと不安に思ったスタッフが中心となりNPO「うわじまグランマ」を設立した。そして、子どもが食事に困らないようにと子ども食堂を始めることにした。子ども食堂は子どもが来やすいように、それぞれの地域に一つずつつくるとともに、子どもだけでなく高齢者も来られるように「地域食堂」として増やしていった。この活動を展開していけば、次に南海トラフ地震が起きたとしても、地域食堂は災害時の食の支援の拠点になるのではと考えた。現在では、四国の他の子ども食堂とも連携して、子ども食堂を災害時の防災拠点とする事業を展開している。２０２３年時点で、日本全国には子ども食堂が９１３１ヶ所あり、これは全国にある公立中学校と義務教育学校を合わせた数９２９６ヶ所とほぼ並ぶ数である。[7] いつもは子ども食堂として食事を提供しているところを、災害時に食を提供する拠点として利用することができれば、避難生活における食の質は大きく向上するだろう。

兵庫県明石市では、災害時に障害のある人の避難をサポートする人を育成するために、「避難サポーター研修」を２０２４年1月にスタートした。市では災害時に地域に住む障害者・高齢者等の避難を支援する「個別避難計画」の策定を進めていたものの、地域にはサポートを担当してくれる人がいなかった。そこで、まずはサポーターの人材育成に取り組む必要があると考え、研修を企画し受講者を募ったところ、定員をはるかに上回る数の応募があった。研修の参加者に受講したきっかけを聞いたところ、普段から「障害のある人をサポートしたい」と考えている方が多くを占めていた。平常時から障害のある人をサポートできる人が増えると、災害時の障害者支援もより充実するだろう。

東京都調布市基本計画（令和5年3月）では、すべての施策について、横断的に連携して相乗効果を図るための視点として「フェーズフリー」を設定している（図５-９）。このように、自治体のあ

| 施策番号 | 施　策　名 | デジタル技術の活用 | 共創のまちづくり | 脱炭素社会の実現 | フェーズフリー |
|---|---|---|---|---|---|
| 施策 01 | 災害に強いまちづくり | | | | |
| 施策 02 | 防犯対策・消費者安全対策の推進 | | | | |
| 施策 03 | 子ども・子育て家庭の支援 | | | | |
| 施策 04 | 学校教育の充実 | | | | |
| 施策 05 | 青少年の健全育成 | | | | |
| 施策 06 | 共に支え合う地域福祉の推進 | | | | |
| 施策 07 | 高齢者福祉の充実 | | | | |
| 施策 08 | 障害者福祉の充実 | | | | |
| 施策 09 | セーフティネットによる生活支援 | | | | |
| 施策 10 | 雇用・就労の支援 | | | | |
| 施策 11 | 生涯を通した健康づくり | | | | |
| 施策 12 | 生涯学習のまちづくり | | | | |
| 施策 13 | 市民スポーツの振興 | | | | |
| 施策 14 | 地域コミュニティの醸成 | | | | |
| 施策 15 | 人権の尊重・男女共同参画社会の形成 | | | | |
| 施策 16 | 平和施策・国際交流の推進 | | | | |
| 施策 17 | 活力ある産業の推進 | | | | |
| 施策 18 | 都市農業の推進 | | | | |
| 施策 19 | 魅力ある観光の振興 | | | | |
| 施策 20 | 文化芸術の振興 | | | | |
| 施策 21 | 地域ゆかりの文化の保存と継承 | | | | |
| 施策 22 | 良好な市街地の形成 | | | | |
| 施策 23 | 地域特性を生かした都市空間の形成 | | | | |
| 施策 24 | 良好な住環境づくり | | | | |
| 施策 25 | 利便性の高い交通体系の確立 | | | | |
| 施策 26 | 快適な公共交通環境の整備 | | | | |
| 施策 27 | 脱炭素社会へ向けた地球温暖化対策と環境保全の推進 | | | | |
| 施策 28 | 水と緑による快適空間づくり | | | | |
| 施策 29 | ごみの減量と適正処理 | | | | |
| 施策 30 | 快適な生活環境づくり | | | | |

図５−９　調布市総合計画第２節「施策の推進、成果向上の視点」では、すべての施策の成果向上を図るための横断的視点を「フェーズフリー」としている。（出典：調布市（2023）72 頁より）

らゆる施策がフェーズフリーになると、災害時業務も平常業務の延長で対応する、つまり「確立型」「拡大型」で対応することができる。そのためにもあらゆる施策をフェーズフリーなものとしていく必要がある。

これらの取り組みをみていると、災害時に機能する仕組みをつくるよりも、平常時の生活をより良くすることから防災のあり方をデザインする方が効率的だし、様々なアイデアが出てくる。フェーズフリーは、私たちが防災について考えるとき「災害時」というフェーズに縛られすぎているのではないか、という問題を提示している。災害という特殊な状況をイメージしようとするから「想定」という架空の災害像をつくりだし、あたかもそれがリアルであるかのように対策を進める。けれども、現実の災害はそれよりもはるかに大きな被害をもたらす。災害というものを、日常生活の延長から捉えると、新たな防災対策を生み出すことにつながるだろう。

災害時の支援も同様であり、私たちの日常生活は、店で商品を購入する、自分で野菜を育てる等の毎日の小さな取り組みにより成り立っており、行政との付き合いは、住民票の手続きや公共サービスを得ることに限られる。それにもかかわらず、災害時には行政が助けてくれると期待してしまっているところがある。行政だけでなく、すべての人が、「いつも」の生活をより良くすることで、「もしも」の時の生活に備えることができれば、社会全体の備えのレベルは自ずとレベルアップしていき、支援に頼りすぎることのない、自助・共助の精神が根づくだろう。そうすることで本当に支援の必要な人たちを優先することもできるようになるはずだ。

注

1　石川県（２０２４）「第54回災害対策本部会議」（令和６年８月21日）。https://www.pref.ishikawa.lg.jp/saigai/documents/higaihou_153_0821_1400.pdf（２０２４年11月20日参照）

2　愛知県（２０２４）「災害時の応援に関する協定書（９県１市）」『愛知県地域防災計画附属資料（令和５年修正）』。https://www.pref.aichi.jp/uploaded/attachment/488324.pdf（２０２４年８月11日参照）

3　総務省自治行政局公務員部（２０２４）（令和６年３月28日）「令和６年能登半島地震における被災市町への応援職員の派遣について」、内閣府令和６年能登半島地震にかかる検証チーム（第２回）、資料２。https://www.bousai.go.jp/updates/r60101notojishin/pdf/kensho_team2_shiryo02.pdf（２０２４年８月11日参照）

4　兵庫県（２０２２）令和４年度第４回県民モニターアンケート「防災対する意識と取り組み」。https://web.pref.hyogo.lg.jp/kk04/documents/r4-4monitor.pdf（２０２４年８月11日参照）

5　福島県（２０２４）「令和４年度県政世論調査結果報告書」33頁データより著者作成。https://www.pref.fukushima.lg.jp/sec/01010e/r04yoron.html　（２０２４年８月11日参照）

6　高知県危機管理部南海トラフ地震対策課（２０２１）「令和３年度実施地震・津波県民意識調査結果報告書」15頁より著者作成。https://www.pref.kochi.lg.jp/doc/2021102800112/file_contents/file_2022463121032_1.pdf（２０２４年８月11日参照）

7　認定活動法人全国こども食堂支援センター。https://musubie.org/（２０２４年８月11日参照）

## 附録
# 災害支援のためのガイド

本書を読んで、阪神・淡路大震災による被害がなぜあれほどまで拡大したのか、お分かりいただけただろうか。地方分権体制で災害に対応する日本では、災害時の「支援」は不可欠である。それにもかかわらず、阪神・淡路大震災時には支援を機能させられる体制にはなかった。その後、支援体制の見直し・整備は進められているものの、本書で繰り返し述べたようにまだ課題も多い。ライフラインが寸断されるような大地震では、即座に支援を届けることは難しいし、行政が支援できることにも限りがある。喫緊の状況で命を守るには私たち一人一人の努力が何よりも大切である。最後に、これから「自分も支援のためのアクションを起こしたい」と考えている読者のみなさまのヒントになるように、本書で紹介した災害対策の取り組みを学び、実践することができる場所や文献等を紹介する。

①人と防災未来センター

①阪神・淡路大震災記念　人と防災未来センター

阪神・淡路大震災を学ぶためにぜひ訪れてほしいのが第1章で紹介した「人と防災未来センター」である。震災から5年後の2002年に建設された同センターは、市民や行政から提供された約19万点の震災資料を保有する、世界最大の災害ミュージアムである。圧巻なのは西館3階の「震災の記憶」フロアであり、震災後のまちの様子や人々の暮らし、その後の復興の取り組みを、時系列で展示された約800点の資料とともに辿ることができる。西館2階の「防災・減災体験フロア」ではゲームや実験をしながらどのように災害に備えるのかヒントを得ることができる。東館3階の「BOSAIサイエンスフィールド」では地震が起きた時に身をどのように守るのかを体験することができる。毎月17日は無料で展示が公開されている。

住所：神戸市中央区脇浜海岸通1－5－2

https://www.dri.ne.jp

③兵庫県立美術館前にあるヤノベケンジによるSun Sister。阪神・淡路大震災を乗り越えてきた人々への思いが込められている。

② HAT 神戸

## ②HAT神戸

人と防災未来センターのある「HAT（Happy Active Town）神戸」は、阪神・淡路大震災の復興プロジェクトとして開発された復興のシンボル・エリアである。兵庫県、神戸市、UR都市機構により建てられた復興公営住宅1886戸がある。海沿いには、兵庫県立美術館、WHO神戸センター、神戸地方気象台、JICA関西、人と防災未来センター、兵庫県こころのケアセンター、兵庫県災害医療センター等の防災に関連する施設が並ぶ「防災HUB」となっている。

エリア内にあるなぎさ公園には、断水に備えた貯水槽、マンホールトイレ等も整備されている。震災に関するさまざまなアート作品も展示されている（③）。海沿いのボードウォークを歩きながらゆっくり探索してほしい。

住所：神戸市中央区脇浜海岸通

⑤野島断層

④神戸港震災メモリアルパーク
液状化により路面が壊れ、電灯が傾き、護岸が崩れている。

④神戸港震災メモリアルパーク

神戸ポートタワーのあるメリケン波止場は、阪神・淡路大震災で被害を受けた岸壁の一部を当時のままの姿で保存しており、震災当時の様子を見て肌で感じることができる。

住所：神戸市中央区波止場町2

⑤北淡震災記念公園　野島断層保存館

阪神・淡路大震災の震源となった野島断層を保存しており、瞬時に大規模な地殻変動をもたらす地震の威力を感じることができる。記念館に隣接するメモリアルハウスは、活断層の真横にあった家を保存したものであり、家の塀や花壇は断層変異によりずれているにもかかわらず、家自体は倒壊を免れている。再現された台所の展示では、食器棚が転倒し食器が散乱し、足の踏み場がない様子が再現されている。家具固定の大切さを感じる。

住所：兵庫県淡路市小倉177

https://www.nojima-danso.co.jp

⑥ふたば学舎

### ⑥ふたば学舎（旧二葉小学校）　震災体験学習

地震と火災により甚大な被害を受けた神戸市長田区の小学校。震災時は避難所となった。昭和４年に建てられた歴史ある校舎は改修・保存され、現在は地域活動の拠点となっている。震災学習室では、阪神・淡路大震災の震災体験学習プログラムを提供している。震災を経験した語り部による講話に加えて、避難所や炊き出し等を体験することができる。３階の「神戸アーカイブ写真館」では、阪神・淡路大震災の資料や写真だけでなく、阪神・淡路大震災が起こる前の昔懐かしい神戸の写真もみることができる。

住所　神戸市長田区二葉町７－１－18

https://futabasyo.jp

## 阪神・淡路大震災の資料を調べたい

⑦神戸大学附属図書館「震災文庫」

神戸大学附属図書館は、被災地の図書館の役割として阪神・淡路大震災発生直後から現在に至るまでの震災資料の収集を行なっている。阪神・淡路大震災に関する書籍や報告書だけでなく、避難所の記録、写真、レジュメ・チラシ、ビデオ・カセット等の膨大な資料をみることができる。

住所：神戸市灘区六甲台町2－1

https://lib.kobe-u.ac.jp/da/shinsai/

稲葉洋子『阪神・淡路大震災と図書館活動――神戸大学「震災文庫」の挑戦』西日本出版社、2005年

## 阪神・淡路大震災の映像・写真をみたい

⑧阪神・淡路大震災　激震の記録1995取材映像アーカイブ

ABCテレビグループが阪神・淡路大震災の取材過程で収集した映像資料。地震発生から8月23日までの取材映像のクリップが公開されている。映像の取材日時・撮影場所からも映像を検索することができる。震災直後の、テレビ等で報道されていない生々しい映像も多く、震災当時のリアルな様子が感じられる。

https://www.asahi.co.jp/hanshin_awaji-1995/
木戸崇之『スマホで見る阪神・淡路大震災――災害映像がつむぐ未来への教訓』西日本出版社、２０２０年

⑨サンテレビジョン　震災映像
震災文庫（⑦）では、兵庫県を拠点とするテレビ局サンテレビジョンが撮影した地震発生直後の1月17日、18日の取材映像１５０件が公開されている。地震発生直後のサンテレビジョン社内の様子や、市役所、病院、避難所の様子等、地元のテレビ局だからこそ取材できた映像がある。
https://lib.kobe-u.ac.jp/libraries/34992/

⑩神戸市　阪神・淡路大震災「１・１７の記録」
神戸市は、市が保有する阪神・淡路大震災が起きた直後や復旧・復興の様子を伝える写真をオープンデータとして公開している。
https://kobe117shinsai.jp/about/

## 防災に関する基礎的な知識を身につけたい

⑪防災士

阪神・淡路大震災の教訓を伝えるとともに、防災に関する知識を市民が身につけることができるように２００２年に創設された資格。２０２４年10月末日時点で29万８６８２人が防災士の資格を取得している。防災士になるには、全国都道府県や大学等の日本防災士機構が認証した機関が実施する防災士養成研修講座を受講して、防災士資格取得試験に合格しなければならない。

https://bousaisi.jp

## 災害対策の専門知識を身につけたい（行政職員向け）

⑫人と防災未来センター「災害対策専門研修」

地方自治体の首長や職員を対象に実施されている災害対応専門研修（第１章参照）。地方自治体の首長を対象とする「トップフォーラム」、地方自治体職員を対象とする「マネジメントコース」その他の図上演習等の特設コースに分類される。「マネジメントコース」は４コースで構成されており、受講者の能力に応じてステップアップしていく形式となっている。

https://www.dri.ne.jp/training/course/

⑬内閣府「防災スペシャリスト養成研修」
内閣府が地方自治体職員むけに実施している講座。①防災基礎、②災害への備え、③警報避難、④応急活動・資源管理、⑤被災者支援、⑥復旧・復興、⑦指揮統制、⑧対策立案、⑨人材育成、⑩総合監理の10コースがある。講座は講義（オンデマンド）と演習（対面）を組み合わせて受講する。
https://bousai-ariake.jp/introduction/ariake

⑭消防防災科学センター「市町村防災研修」
消防防災科学センターが地方自治体職員を対象に実施している講座。市町村長のための「市町村長防災危機管理ラボ」、危機管理監等の幹部職員のための「市町村防災担当幹部職員研修」、防災担当職員のための「市町村防災力強化専門研修」、市町村職員による地域の自主防災組織育成のための「市町村防災力強化出前研修」等の研修プログラムがある。
https://www.isad.or.jp/to_municipalities/training_/

⑮全国市町村国際文化研修所「災害発生時の市町村の役割」
市町村むけに実施している講座。市町村職員は、自らが被災している状況においても、情報集・分析、避難指示や住民への情報伝達、多様な機関との連携に取り組まなければならない。災害を経

験した自治体職員の体験談を聞くとともに、災害対策本部の運営や様々な組織との連携について学ぶことができる。

https://www.jiam.jp

## 減災復興を専門的に学びたい

⑯兵庫県立大学大学院減災復興政策研究科

防災の専門教育を提供する大学院大学（博士前期・博士後期課程）として2017年に開設された。キャンパスは人と防災未来センター内にある。阪神・淡路大震災をはじめ日本全国で発生した災害から得られる知識を体系化し、実践的な研究や教育を行なっている。

住所：神戸市中央区脇浜海岸通1－5－2　兵庫県立大学神戸防災キャンパス

https://drg-u-hyogo.jp

## 被災地を支援したい

⑰被災地支援・災害ボランティア情報（全国社会福祉協議会）

全国社会福祉協議会による、全国の被災地で行なわれている災害ボランティア活動の情報提供のサイト。被災地のボランティアセンターの設置状況や、ボランティア募集情報等をリアルタイムで得ることができる。また、災害ボランティア活動を実施するにあたっての心得、事前準備、ボランティア活動保険等の情報も掲載されている。

https://www.saigaivc.com

⑱災害支援ガイドライン（全国災害ボランティア支援団体ネットワーク）

被災地を支援するために行政や民間団体が出している様々なガイドラインを全国災害ボランティア団体支援ネットワークが紹介している。本書でも紹介した（第5章）被災者支援コーディネーションに加えて、家屋保全支援、食と栄養支援、子ども支援、外国人支援等の様々な情報を得ることができる。

https://jvoad.jp/guideline/

⑲被災地に寄付する（Yahoo! ネット募金）

被災地を支援する方法の一つが被災地への寄付である。被災者を支援するための寄付には「義援金」と「支援金」がある。義援金は、被災都道府県の「義援金配分委員会」で取りまとめられ、被災者に配分される。これに対して、支援金は被災地で支援活動を展開するボランティア団体の活動を支える。ボランティア団体のなかには、被災者支援、子育て支援、震災孤児・遺児支援、農業支援、まちづくり支援等様々な活動をしている団体がいる。自分の被災地に対する思いを届けてくれる団体を、支援金を通してサポートすることも大切だ。

Yahoo! ネット募金では、災害や復興のために被災地で活動する団体の情報が掲載されている。

https://donation.yahoo.co.jp/

## フェーズフリーを実践したい

⑳本書でも紹介した「いつも（日常時）」と「もしも（非常時）」をつなぐフェーズフリー（第5章）。フェーズフリーな活動を推進しているのが一般社団法人フェーズフリー協会である。商品やサービスがフェーズフリーであるのかを「常活性」「日常生」「直感性」「触発性」「普及性」の5原則を基準に審査する「フェーズフリー認証」に取り組んでいる。また、フェーズフリーという考え方に基づく様々なアイデアや製品を募集し、アワードを提供している。

一般社団法人フェーズフリー協会　https://phasefree.or.jp

佐藤唯行『フェーズフリー――「日常」を超えた価値を創るデザイン』翔泳社、2024年

CAMMOC『ラクして備えるながら防災フェーズフリーな暮らし方』辰巳出版、2024年

# あとがき

本書では、災害対策の「失敗」はどこにあったのかを阪神・淡路大震災、マルマラ地震、カフラマンマラシュ地震、インド洋津波災害、東日本大震災、能登半島地震から検討した。阪神・淡路大震災からの30年の間にもたくさんの災害があり、そこには、助けられなかった大切な命があった。被災した人に話を伺うたびに、何ともやるせない気持ちになる。災害による被害を減らすには、災害の教訓を対策につなげることが大切である。

本書で述べた災害は、私自身の人生を変えた災害でもある。阪神・淡路大震災が起きた時は神戸大学生だった私は、大学院修了後は国際協力機構（ＪＩＣＡ）に就職した。震災前後の神戸で学生生活を過ごしたことから災害は人ごとではなく、ＪＩＣＡに就職するとすぐに国際緊急援助隊の業務調整員に登録した。２００2年にはＨＡＴ神戸に開設されたＪＩＣＡ兵庫（現ＪＩＣＡ関西）の勤務となった。そこで神戸が「被災地」から転換し、世界に減災復興の重要性を発信していることに衝撃を受けた。２００４年からはＪＩＣＡトルコ事務所で、マルマラ地震の復興事業や防災人材育成プロジェクトに携わった。けれども、今世紀最悪の被害をもたらしたインド洋津波災害を見て、これまでの防災の取り組みの失敗はどこにあったのか、次に日本で災害が起きた時に被害を防ぐことができるのだろうかと考えるようになった。

国際協力の仕事をするようになって気づいたのが、災害時の支援の重要性である。日本も世界も災害対策に支援は欠かせない。そこで、支援が災害対策や被災地の復興に果たす役割を研究したいと考えるようになった。けれども、当時はどこの大学に行けばそのような研究を行うことができるのかわからなかった。

その後、京都大学大学院情報学研究科の博士後期課程に進学し、防災研究所巨大災害研究センターで研究する機会が得られたのは幸運だった。当時の京都大学防災研究所は、阪神・淡路大震災の被災者支援に関する膨大な実証研究を終え、さらに東海・東南海・南海地震等の巨大災害対策に関する研究に精力的に取り組んでいた。河田惠昭先生、林春男先生、牧紀男先生、多々納裕一先生という防災の第一人者の先生と災害対策について議論したことは現在の私の研究の基礎となっている。なかでも、矢守克也先生には当時の研究トレンドとはかけ離れていた私の研究を励ましご指導いただいた。

2010年に人と防災未来センターに就職し、その3月に東日本大震災があり、怒涛のような災害対応に追われた。その後は、毎年のように発生する災害とかかわりながら研究を重ねている。河田惠昭先生は「実践的な防災研究者であれ」と語っていたが、その言葉の重みを日々実感している。

２０１７年に兵庫県立大学大学院減災復興政策研究科がスタートした。災害支援の研究に取り組みたいと入学してくれる学生がいることはとても嬉しい。今後もっと災害支援に関心を持つ人が増えると、災害支援研究は充実するに違いない。

本書を構成する各章については、新たに執筆したもの、学術誌等に公表したものを大幅に再編したものがある。阪神・淡路大震災をきっかけとした災害支援に関する研究を本にまとめられないか考えていた時に、慶應義塾大学出版会の片原良子さんに本書の執筆を勧められた。とはいえ、大学業務の傍らで、国内外の災害対応に追われる日々であり、原稿がまとめられるのかという不安もあった。実際に本書を執筆していた２０２４年1月には能登半島地震が発生し、対応に追われた。それにもかかわらず本書が無事にまとめられたのは、片原さんの手厚いご支援があってのものである。心より感謝を申し上げる。また、私の原稿をいつも辛抱強く読みアドバイスをくれる家族にも心より感謝している。本書を手にしてくださった皆様にも感謝するとともに、いつかどこかでお会いして、より良い災害支援について議論できることを願っている。

阪本真由美

## 参考文献


愛知県（2024）『愛知県地域防災計画附属資料（令和 5 年修正）』.
飯尾潤（2012）『日本の統治構造――官僚内閣制から議院内閣制へ』中公新書.
五百旗頭真（2015）「近代日本の三大震災――復旧と創造的復興の相剋を中心に」（第 16 章）公益財団法人ひょうご震災記念 21 世紀研究機構編『翔べフェニックス Ⅱ 防災・減災社会の構築』pp.431–467.
井上治（2001）「インドネシアの分離独立運動　アチェとパプアの事例」『アジア研究』vol47, No.4, pp4–22.
今村明恒（1929）「發刊の辭」『地震』第一巻，第一號，pp.1–3.
岩崎信彦（2008）『震災障害者問題の資料と解説　忘れないで！　阪神淡路大震災で重傷，障害を負った人のこと』学術振興会人文・社会科学進行プロジェクト「被災地における共生社会の構築」（2003 ~ 2007 年度）.
上田耕蔵，石川靖二，安川忠道（1996）「震災後関連死亡とその対策」『日本醫事新報』No.3776, pp.40–44. https://kobekyodo-hp.jp/images/material/after_the_earthquake-related_deaths_and_countermeasures.pdf（2024 年 7 月 12 日参照）
遠藤聡（2007）「インドネシアにおけるアチェの和平プロセス――アチェ統治法を中心に」『外国の立法』232, pp.126–143.
大河原徳三（1997）「震災と区役所活動の実態」『都市政策』第 82 号，勁草書房，pp.14–27.
沖田陽介（2006）「国際緊急援助における UNOCHA の援助調整と日本の取り組み――自然災害発災直後の緊急対応を例に」『国際協力研究』Vol.22 No.1, pp.22–31.
貝原俊民（2009）『兵庫県知事の阪神・淡路大震災―― 15 年の記録』丸善株式会社.
貝原俊民（2015）「阪神・淡路大震災から二十年――“国難”巨大地震に備えて」公益財団法人ひょうご震災記念 21 世紀研究機構編『翔べフェニックス Ⅱ 防災・減災社会の構築』（第 17 章），pp.471–512.
笠間太郎，岸本兆方（1972）『神戸と地震』神戸市.
片田敏孝（2012）『人が死なない防災』集英社新書.
河田惠昭（2015）「実践的防災を先導する「人と防災未来センター」」公益財団法人ひょうご震災記念 21 世紀研究機構編『翔べフェニックス Ⅱ 防災・減災社会の構築』（第 4 章），pp.111–133.

警察庁（2024）「特—4　東日本大震災による死者の死因等について（平成24年3月11日現在）」『警察白書平成24年』. https://www.npa.go.jp/hakusyo/h24/toukei/00/0-04.xls（2024年8月11日参照）
厚生労働省「人口動態統計から見た東日本大震災による死亡の状況について」（2012）「平成23年（2011）人口動態統計（確定数）の概況）（平成24年9月6日）。https://www.mhlw.go.jp/toukei/saikin/hw/jinkou/kakutei11/（2024年11月20日参照）
神戸市教育委員会（1995）『阪神・淡路大震災神戸市立学校震災実態調査報告書』.
神戸市防災会議（1995）『平成6年度　神戸市地域防災計画地震対策編』.
国際協力機構（JICA）（2005）『インドネシア国北スマトラ沖地震津波災害緊急復旧・復興支援プログラム（バンダ・アチェ市緊急復旧・復興支援プロジェクト）最終報告書』.
越野修三（2020）『有事のプロに学ぶ自衛隊式自治体の危機管理術——非常時に動ける組織をつくる』ぎょうせい.
災害時要援護者の避難対策に関する検討会（2006）『災害時要援護者の避難支援ガイドライン』.
齋藤富雄（2015）「防災最前線の充実——自治体の防災力強化」公益財団法人ひょうご震災記念21世紀研究機構編『翔べフェニックスⅡ 防災・減災社会の構築』（第3章），pp.69–108.
阪本真由美，阪本将英，河田惠昭（2008）「インド洋津波災害における災害復興支援の有用性と課題——バンダ・アチェの事例より」『アジア・アフリカ研究』2008年第4号，pp49–64.
阪本真由美（2006）「トルコ国の防災に対する日本の国際協力」『建築防災』No347, pp.23–28.
阪本真由美（2013）「行政とNGO/NPOとの連携による被災者支援について——被災者支援4者連絡会議の取り組みより」『地域安全学会東日本大震災特別論文集』No.2, 地域安全学会.
阪本真由美（2014）「アメリカの災害対応における行政とNGOとの連携について」『地域安全学会梗概集』No.34, 地域安全学会，pp.63–66.
阪本真由美（2015）「災害対応における組織関連携システムについて——米国の組織関連携の取り組みに基づく考察」『災害復興研究』第8号, 2015, pp.39–52.
ザック，ナオミ（髙橋隆雄監訳，阪本真由美，北川夏樹訳）（2020）『災害の倫理——災害時の自助・共助・公助を考える』勁草書房.
佐藤唯行（2024）『フェーズフリー「日常」を超えた価値を創るデザイン』

翔泳社.
消防庁（2023）「平成 23 年（2011 年）東北地方太平洋沖地震（東日本大震災）の被害状況（令和 5 年 3 月 1 日現在）」. https://www.fdma.go.jp/disaster/info/items/higashinihontorimatome163.pdf
消防庁国民保護・防災部防災課（2014）「東日本大震災を踏まえた大規模災害時における消防団活動のあり方等に関する検討会中間報告書」. https://www.fdma.go.jp/singi_kento/kento/items/kento003_67_shiryo_02-1.pdf
Sphere（2018）『スフィアハンドブック――人道憲章と人道支援における最低基準』.
高橋日出男（1995）「震災時の消防活動時における教訓と課題」『消防科学と情報』消防科学センター，pp.18–23. https://www.isad.or.jp/pdf/information_provision/information_provision/no41/18p.pdf（2024 年 7 月 7 日参照）
髙橋誠，田中重好，木股文昭編著（2014）『スマトラ地震による津波災害と復興』古今書院.
Tapol（2001）『暗黒のアチェ――インドネシア軍による人権侵害』南風島渉訳，インドネシア民主化支援ネットワーク.
立木茂夫（2016）『災害と復興の社会学』萌書房.
田中孝宜（2012）「始動インド洋津波警報システム　インドネシア防災体制の現状と放送局の役割」『放送研究と調査』pp.50–60.
田村佳子，林春男，立木茂雄，木村玲欧（2001）「阪神・淡路大震災からの生活再建 7 要素モデルの検証―― 2001 年京大防災研復興調査報告」『地域安全学会論文集』第 3 巻，pp.30–44.
中央防災会議「東北地方太平洋沖地震を教訓とした地震・津波対策に関する専門調査会」（2011）第 7 回会合参考資料「平成 23 年東日本大震災における避難行動等に関する面接結果（住民）単純集計結果」（2011 年 8 月 16 日　開　催）. https://www.bousai.go.jp/kaigirep/chousakai/tohokukyokun/7/pdf/sub1.pdf（2023 年 7 月 4 日参照）
調布市（2023）『調布市総合計画（令和 5 年 3 月）』. https://www.city.chofu.lg.jp/documents/3996/sougoukeikaku02.pdf（2024 年 11 月 21 日参照）
堂内孝夫（1997）「震災時の自治活動」『都市政策』第 82 号，勁草書房，pp.65–75.
東北地方太平洋沖地震を教訓とした地震・津波対策に関する専門調査会第 7 回会合参考資料「平成 23 年東日本大震災における避難行動等に関する面接結果（住民）単純集計結果」（2011 年 8 月 16 日開催）. https://www.bousai.go.jp/kaigirep/chousakai/tohokukyokun/7/pdf/sub1.pdf（2024 年 11 月 15 日参照）

内閣府（1999）『阪神・淡路大震災教訓資料集』.
内閣府（2022）『令和 4 年度防災白書』.
内藤三義（1999）「仮設住宅における生活実態」岩崎信彦他編『阪神・淡路大震災の社会学』第 2 巻，昭和堂，pp.270–286. http://www.showado-kyoto.jp/files/hansin2/224.pdf（2024 年 7 月 12 日参照）
中村功（2021）『災害情報と避難――その理論と実践』晃洋書房.
西宮市消防局，西宮市消防団（1996）『阪神・淡路大震災：西宮市消防の活動記録』.
西芳実（2012）「災害・紛争と地域研究――スマトラ沖地震・津波における現場で伝わる知」『地域研究』12（2），pp.187–197.
日本火災学会（1996）『1995 年兵庫県南部地震における火災に関する調査報告書』.
額田勲（1999）『孤独死――被災地神戸で考える人間復興』岩波書店.
林春男，草野公平，牧紀男（2002）「阪神・淡路大震災における兵庫県の組織運用の分析――その 1 災害対応のための人材確保」『地域安全学会論文集』No.4, pp.289–298.
林春男，牧紀男，田村圭子，井ノ口宗成（2008）『組織の危機管理入門――リスクにどう立ち向えばいいのか』丸善株式会社.
阪神・淡路大震災神戸市災害対策本部編（1996）『阪神・淡路大震災――神戸市の記録 1995 年』神戸市都市問題研究所.
阪神・淡路大震災巡回リハビリテーションチーム（1995）『阪神・淡路大震災巡回リハビリテーションチーム活動報告書』.
兵庫医科大学リハビリテーション部（1995）『阪神・淡路大震災兵庫県リハビリテーションチーム阪神地区活動報告書』.
兵庫県（1995）『阪神・淡路大震災――兵庫県の 1 年の記録』.
兵庫県（2016）「阪神・淡路大震災の死者にかかる調査について」（平成 17 年 12 月 22 日記者発表）．https://web.pref.hyogo.lg.jp/kk42/pa20_000000016.html（2024 年 7 月 24 日参照）
兵庫県（2024）「阪神・淡路大震災の復旧・復興の状況について」（令和 6 年 1 月）．https://web.pref.hyogo.lg.jp/kk41/documents/fukkyuufukkou0601.pdf（2024 年 8 月 5 日参照）
兵庫県阪神・淡路大震災フォローアップ委員会・兵庫県（2009）『伝える――阪神・淡路大震災の教訓』ぎょうせい.
兵庫県・神戸市（2011）『阪神・淡路大震災震災障害者実態調査報告書』.
兵庫県教育委員会（1996）『震災を生きて――大震災から立ち上がる兵庫の教育』.

兵庫県・震災対策国際総合検証会議事務局『阪神・淡路大震災震災対策国際総合検証事業検証報告書 第1巻 防災体制』（出版年不明）.
廣井脩（1995）『災害と日本人――巨大地震の社会心理』時事通信社.
藤井良三（1997）「震災時の救援物資の配布」『都市政策』第82号，勁草書房，pp.28–42.
防衛研究所（2006）『東アジア戦略外観』.
本城光一（1995）「阪神・淡路大震災時における消防応援活動の状況と課題」『消防科学と情報』No.43, 消防科学センター，pp.36–40.
牧秀一（2020）『希望を握りしめて――阪神淡路大震災から25年を語り合』能美舎.
室﨑益輝，矢守克也，西澤雅道，金思穎（2020）『地区防災計画学の基礎と実践』弘文堂.
諸井孝文，武村雅之（2004）「関東地震（1923年9月1日）による被害要因別死者数の推定」『日本地震工学会論文集』第4巻第4号，pp.21–45.
矢田達郎（神戸市長）（2010）「阪神・淡路大震災における神戸市の対応状況」. https://www.bousai.go.jp/jishin/chihou/bousai/3/pdf/2.pdf（2024年6月30日参照）
矢守克也，吉川肇子，網代剛（2005）『防災ゲームで学ぶリスク・コミュニケーション――クロスロードへの招待』ナカニシヤ出版.
矢守克也（2013）『巨大災害のリスク・コミュニケーション――災害情報の新しいかたち』ミネルヴァ書房.
山口弥一郎（2011）『津浪と村』三弥井書店.
陸前高田市（2016）『陸前高田市東日本大震災検証報告書：資料編』. https://iwate-archive.pref.iwate.jp/wp/wp-content/uploads/2017/02/R0000105M008R0000006.pdf（2024年5月11日参照）
陸前高田市広田町自主防災会（2013）『広田の未来に光あれ――平成23年3月11日　平成三陸大津波広田町の記録』陸前高田市広田町自主防災会・震災記録製作委員会.
和気純子（2013）「震災と高齢者――地域包括ケアと福祉コミュニティ形成」『学術の動向』2013年18巻第11号，pp.27–33. https://doi.org/10.5363/tits.18.11_27（2024年11月15日参照）

AFAD (2014) Türkiye Afet Müdhale Planı (TAMP).
AFAD Deprem Dairesi Başkanlığı (2023) 06 Şubat Pazarcık (Kahramanaraş) MW7.7, Elbistan(Kahramanmaraş) M7.6, Depremlerine Ilişkin ön Değerlendirme Raporu, 9 Şubat, 2023

BRR (Badan Rehabilitasi and rekonstruksi NAD-Nias)(2006), Aceh and Nias, Two Years After the Tsunami, 2006 Progress Report, Banda Aceh.

Coppola, Damon P. (2011) Introduction to International Disaster Management, Second Edition, Elsevier.

Government of Türkiye (2023) Türkiye Earthquakes Recovery and Reconstruction Assessment.

Huda, Khairul, Yamamoto, Naohiko, Maki, Norio and Funo, Shuji (2007), Rehabilitation of Urban Settlements in the Early Reconstruction Stage after Tsunami-A Case Study of Banda Aceh Municipality in Indonesia, Journal of Asian Architecture and Building Engineering, Vol.6, Issue 1, pp.103–110. https://www.jstage.jst.go.jp/article/jaabe/6/1/6_1_103/_article/-char/ja/（2023 年 10 月 15 日参照）

International Federation of Red Cross and Red Crescent Society (IFRC) (2005) World Disasters Report 2005: Focus on Information in Disasters.

International Strategy for Disaster Risk Reduction (ISDR) (2005) Hyogo Framework for Action 2005–2015:Building the Resilience of nations and communities to Disaster Risk Reduction.（兵庫行動枠組：2005–2015）

Maly, Elizabeth (2018) Building back better with people centered housing recovery, *International Journal of Disaster Risk Reduction*, Vol 29, pp.84–93. https://www.researchgate.net/publication/319655109_Building_Back_Better_with_People_Centered_Housing_Recovery（2023 年 10 月 15 日参照）

Manakkara, Sandeeka (2013) Build Back Better Principles for land-use Planning, Proceedings of the Institution of Civil Engineers, Vol.166 Issue DP 5, 2013, pp.288–295. https://buildbackbetter.co.nz/wp-content/uploads/2017/02/Land-use-Planning-Published-ppr.pdf（2023 年 10 月 15 日参照）

Quarantelli, E. L., Dynes, R. R. and Haas, J. E. (1966) Organizational Functioning in Disaster: A Preliminary Report.

Republic of Indonesia (2005) Master Plan for the Rehabilitation and Reconstruction of the Regions and Communities of the Province of Nanggroe Aceh Darussalam and the Island of the Province of North Sumatra, 2005.

Turkey Country Office World Bank (1999) Turkey Marmara Earthquake Assessment Report (September 14, 1999). https://documents1.worldbank.org/curated/en/474251468781785112/pdf/273800Marmara010Assessment01public1.pdf（2023 年 7 月 4 日参照）

Turkish Red Crescent Society (2006) International Disaster Response Law 1999–Marmara Earthquake Case Study.

United Nations International Strategy for Disaster Risk Reduction (UNISDR) (2005), Hyogo Framework for Action 2005–2015: Building the Resilience of Nations and Communities to Disasters（兵庫行動枠組：2005–2015）.

United Nations International Strategy for Disaster Risk Reduction (UNISDR) (2009) UNISDR Terminology on Disaster Risk Reduction.

United Nations International Strategy for Disaster Risk Reduction (UNISDR) (2015), Sendai Framework for Disaster Risk Reduction 2015–2030（仙台防災枠組：2015–2030）.

United States Department of Homeland Security (USDHS) (2019), National Response Framework, Fourth Edition October 28, 2019.

Volz, Carsten (2005), Humanitarian Coordination in Indonesia: an NGO view point, *Forced Migration Review; Tsunami: Learning from the Humanitarian Response*, Special Issue, July 2005, Refugee Studies Center, University of Oxford, pp.26–27.

Wiharta, S., Ahmad H., Halne, J, Lofgren, J., Randall, T. (2008) The Effectiveness of Foreign Military Assets in Natural Disaster Response, Sweden, Stockholm International Peace Research Institute (SIPRI).

著者紹介
阪本 真由美（さかもと・まゆみ）
兵庫県立大学大学院減災復興政策研究科教授。在エル・サルヴァドル日本大使館、国際協力機構（JICA）で国際協力に携わった後に京都大学大学院博士後期課程修了。博士（情報学）。人と防災未来センター主任研究員、名古屋大学減災連携研究センター特任教授を経て現職。ひょうご震災記念２１世紀研究機構理事、日本災害復興学会理事。令和６年防災功労者防災担当大臣表彰受賞。専門は、減災コミュニケーション、防災教育、国際防災、地域防災。代表著作に『未来へ繋ぐ災害対策――科学と政治と社会の協働のために』（共著、有斐閣、2022年）など、翻訳にナオミ・ザック『災害の倫理――災害時の自助・共助・公助』（共訳、勁草書房、2020年）がある。

阪神・淡路大震災から私たちは何を学んだか
――被災者支援の30年と未来の防災

2024年12月20日　初版第１刷発行

著　者――――阪本真由美
発行者――――大野友寛
発行所――――慶應義塾大学出版会株式会社
〒108-8346　東京都港区三田2-19-30
TEL〔編集部〕03-3451-0931
〔営業部〕03-3451-3584〈ご注文〉
〔　〃　〕03-3451-6926
FAX〔営業部〕03-3451-3122
振替　00190-8-155497
https://www.keio-up.co.jp/
装　丁――――小川順子
組　版――――株式会社キャップス
印刷・製本――中央精版印刷株式会社
カバー印刷――株式会社太平印刷社


Printed in Japan ISBN978-4-7664-3002-8